PEP GUARDIOLA

85 esercitazioni per trasmissione palla, rondos, giochi di possesso e circuiti tecnici dalle sessioni di allenamento di Pep

Pubblicato da

PEP GUARDIOLA

85 esercitazioni per trasmissione palla, rondos, giochi di possesso e circuiti tecnici dalle sessioni di allenamento di Pep

Pubblicato in lingua inglese da SoccerTutor.com: Settembre 2019
Prima edizione in lingua italiana: Gennaio 2020
info@soccertutor.com | www.SoccerTutor.com

UK: 0208 1234 007 | **US:** (305) 767 4443 | **ROTW:** +44 208 1234 007
ISBN: 978-1-910491-38-6

Copyright: SoccerTutor.com Limited © 2020. Tutti i diritti riservati.

Tutti i diritti riservati. Nessuna parte di questa pubblicazione può essere riprodotta, memorizzata in un sistema esterno, o trasmessa in qualsiasi forma e con qualsiasi mezzo, elettronico, meccanico, in fotocopia, registrazione o altro, senza previa autorizzazione scritta del titolare del copyright. Né può essere fatta circolare in qualsiasi forma di rilegatura o copertina diversa da quella in cui è pubblicato e senza alcuna condizione simile.

Edizione a cura di:
Alex Fitzgerald - SoccerTutor.com

Traduzione a cura di:
Luca Bertolini - allenatore UEFA B
Creatore del sito lucamistercalcio.com / email: lucamistercalcio@gmail.com

Copertina realizzata da:
Alex Macrides, Think Out Of The Box Ltd.
Email: design@thinkootb.com Tel: +44 (0) 208 144 3550

Immagini:
Immagini create da SoccerTutor.com. Tutte le immagini di questo libro sono state create con SoccerTutor.com Tactics Manager Software disponibile su www.SoccerTutor.com

Nota: Sebbene sia stato fatto ogni sforzo per assicurare l'accuratezza tecnica del contenuto di questo libro, né l'autore, né gli editori possono accettare alcuna responsabilità per eventuali danni o perdite subite a seguito dell'utilizzo di questo materiale.

SOMMARIO

Pep Guardiola: Palmares..7
Pep Guardiola: Le citazioni più importanti dei giocatori 8
Informazioni utili..9
Organizzazione delle esercitazioni 9

Esercitazioni per la fase di attivazione della seduta di allenamento............10
1. Circuito di attivazione con combinazioni di prima intenzione e trasmissione palla alta 11
2. Circuito tecnico di attivazione abbinato a lavori di velocità e rapidità 12
3. Circuito di attivazione per velocità e rapidità abbinato a rondos 5 c 2 14

Attivazione pre-gara del Manchester City 16
Parte 1 di 5. Esercitazioni individuali generali..17
Parte 2 di 5. Esercizi di mobilità e stretching..18
Parte 3 di 5. Rondo 4 c 4 +3 19
Parte 4 di 5. Trasmissione, colpo di testa e conclusione 20
Parte 5 di 5. Sprint a coppie 21

Esercitazioni per allenare velocità e rapidità senza palla 22
1. Esercitazioni per la forza esplosiva con ostacoli e bande elastiche di resistenza................23
2. Esercitazioni per rapidità e coordinazione abbinate a sprint 24
3. Esercitazioni per rapidità e coordinazione abbinate a sprint e cambi di direzione................25

Esercitazioni per allenare velocità e rapidità con palla 26
1. Esercitazione per velocità e rapidità abbinate a doppia combinazione 1-2 e conclusione 27
2. Esercitazione per velocità e rapidità abbinate a conduzione, trasmissione palla lunga, combinazione 1-2 e conclusione 28
3. Esercitazione per velocità e rapidità abbinate a rapidi cambi di direzione, doppia combinazione 1-2 e conclusione 29
4. Esercitazione per velocità e rapidità abbinate a conduzione, trasmissione palla in ampiezza, cross e conclusione 30
5. Esercitazione per allenare la velocità abbinata a scarico palla, trasmissione in ampiezza, cross e conclusione..31
6. Esercitazione per velocità e rapidità abbinate a scarico palla, trasmissione in ampiezza, cross e conclusione..32

7. Azioni combinate: esercitazione per velocità e rapidità abbinate a cambio di gioco, cross e conclusione. 33

Circuiti tecnici 34

1. Interval training a circuito abbinato a tecnica di base e rapidità. 36
2. Circuito tecnico in velocità per trasmissione, conduzione e conclusione 38
3. Circuito tecnico in velocità per trasmissione, conduzione e conclusione (Variante) 39
4. Circuito tecnico/atletico per trasmissione e rapidità 40
5. Circuito tecnico per allenare la velocità abbinata a conduzione palla e conclusioni rapide 41
6. Esercitazione, a 3 giocatori, per velocità e rapidità abbinate all'allenamento della fase difensiva (pressione e copertura). 42
7. Circuito per allenare velocità, combinazioni 1-2, conduzione e conclusione 44
8. Circuito per allenare la velocità abbinata a rapidità, combinazioni 1-2 e conclusione da fuori area 45
9. Circuito per allenare la velocità abbinata a rapidità, ricezione, conduzione, combinazione 1-2 e conclusione da fuori area 46
10. Circuito tecnico complesso per trasmissione, conduzione e conclusione. 47
11. Doppio circuito tecnico per allenare velocità e cambi di direzione con e senza palla (1) 48
12. Doppio circuito tecnico per allenare velocità e cambi di direzione con e senza palla (2) 49
13. 2 circuiti tecnici complessi per allenare velocità e rapidità abbinate a conclusioni in entrambe le direzioni. 50
14. Doppio circuito tecnico per trasmissione palla a corta distanza, ricezione, conduzione e conclusione. 51
15. Circuiti combinati per allenare velocità e rapidità abbinate a trasmissioni palla filtranti e conclusioni 52
16. Circuiti per allenare velocità e rapidità abbinate a trasmissioni palla di prima intenzione e conclusioni 53
17. 3 circuiti tecnici per allenare velocità, coordinazione e rapidità con palla 54
18. Circuito ad alta intensità per allenare velocità, forza e rapidità abbinate a duello 3 c 2 55

Esercitazioni per trasmissione palla del Manchester City 56

1. 3 c 1, scarico palla, trasmissione filtrante e conclusione nella porticina. 58
2. 3 c 1, scarico palla, trasmissione filtrante e conclusione nella porticina (Variante). 59
3. 3 c 1, scarico palla, giocata alta alle spalle della linea difensiva e conclusione. 60
4. 3 c 1, scarico palla, trasmissione in apertura, giocata alta alle spalle della linea difensiva e conclusione (Variante 1) 61
5. 3 c 1, trasmissioni rapide in combinazione, giocata alta alle spalle della linea difensiva e conclusione (Variante 2) 62
6. Circuito per allenare trasmissione, ricezione e controllo palla. 63

Esercitazioni per trasmissione palla del Bayern Monaco ... 64

1. Circuito per allenare trasmissione palla e movimenti a ricevere abbinati a lavori di rapidità ... 65
2. Trasmissioni palla, a corta e media distanza, di prima intenzione, nel rombo e allenamento dei tempi di inserimento ... 66
3. Trasmissioni palla, a corta e media distanza, di prima intenzione, nel rombo e allenamento dei tempi di inserimento (2 Varianti) ... 67
4. Circuito per combinazioni di gioco con doppio 1-2, inserimento alle spalle della linea difensiva e conclusione ... 68
5. Combinazione offensiva con scarichi palla multipli per allenare trasmissione, movimenti per ricevere e conclusione dalla distanza ... 69
6. Combinazione di gioco con doppio 1-2 e conclusione da fuori area ... 70
7. Combinazione di gioco intorno all'area di rigore e conclusione ... 71

Esercitazioni per trasmissione palla del Barcellona Fc ... 72

1. Esercitazione nel quadrato per trasmissione e ricezione in apertura ... 74
2. Esercitazione nel quadrato per combinazione 1-2 e movimenti a ricevere ... 75
3. Esercitazione nel quadrato per trasmissione palla e combinazioni a corta e media distanza ... 76
4. Triangolazione di gioco con combinazione 1-2 e movimenti per ricevere ... 77
5. Triangolazione di gioco con combinazione a corta e media distanza ... 78
6. Combinazione di gioco nella figura a "Y" con trasmissioni a corta e media distanza per allenare i tempi di inserimento ... 79
7. Trasmissioni e movimenti per ricevere nel rettangolo con palla alta ... 80
8. Trasmissioni e movimenti per ricevere nel rettangolo con palla alta e inserimenti in profondità ... 81
9. Trasmissioni e movimenti per ricevere nel rettangolo con combinazioni di gioco complesse a corta distanza ... 82
10. Ricezione, conduzione palla in avanti e conclusione da fuori area di rigore ... 83
11. Combinazione di gioco sul corto, conduzione palla in avanti e conclusione da fuori area ... 84
12. Combinazione di gioco sul corto, movimento a ricevere in avanti e conclusione da fuori area ... 85

Rondos ... 86

1. Rondo 3 c 1 nel triangolo con giocate rasoterra e palle alte ... 88
2. Rondo 4 c 2 nel quadrato ... 89
3. Rondo 4 c 2 nel rettangolo ... 90
4. Rondo 5 c 2 nel quadrato ... 92
5. Rondo 6 c 2 nel rettangolo ... 93
6. Rondo 7 c 2 nel quadrato ... 94

"Juegos de Posición" (Giochi di posizione) e possessi palla … 95

Il gioco di posizione (Juego de Posición) di Pep Guardiola … 97
1. Gioco di posizione 3 c 3 (+2) ad alta intensità per possesso e transizioni … 98
2. Gioco di posizione 4 c 4 (+2) per possesso e transizioni … 99
3. Gioco di posizione 5 (+2) c 3 per possesso palla … 100
4. Gioco di posizione 6 (+2) c 3 per possesso palla … 101
5. Gioco di posizione 4 c 4 (+3) per possesso e transizioni … 102
6. Gioco di posizione 5 c 5 (+3) per possesso e transizioni … 103
7. Gioco di posizione 6 c 6 (+4) per possesso e transizioni … 104
8. Gioco di posizione 8 c 8 (+3) per possesso e transizioni … 105
9. Possesso palla a 3 squadre per transizioni rapide … 106
10. Possesso palla 7 c 7 (+3) con porticine formate da paletti … 108
11. Gioco di possesso e transizioni 8 c 8 a 2 zone, per conquista del possesso e cambio di lato … 109
12. Possesso palla 9 c 9 (+2 jolly interni) … 110
13. Possesso palla 9 c 9 (+2 jolly esterni) … 111

Flussi di gioco posizionale offensivo … 112

La filosofia offensiva di Pep Guardiola: gli elementi chiave … 114
L'1-4-3-3 del Manchester City … 115
Lo scaglionamento offensivo 2-3-2-3 del Manchester City (1-4-3-3) … 116
L'organizzazione dell'allenamento di Pep Guardiola … 117
1. Il laterale basso si muove per ricevere lo scarico dal centrocampista offensivo e conduce palla in avanti, verso il terzo offensivo del campo … 118
2. Il centrocampista offensivo scarica palla al centrocampista difensivo, che trasmette alle spalle dell'ultima linea avversaria, verso l'attaccante … 119
3. Il difensore centrale trasmette palla lunga verso l'attaccante, che gioca alle spalle della linea difensiva avversaria, sul movimento, come 3° uomo, del centrocampista offensivo … 120
4. Cambiare lato offensivo e giocare alle spalle dell'ultima linea avversaria, sul movimento, in sovrapposizione, del laterale basso … 121

Dai giochi in spazi ridotti a quelli in spazi ampi … 122

1. Small Sided Game 5 c 5, ad alta intensità, con porte regolari … 123
2. Small Sided Game 7 c 7 (+3) a 3 squadre … 124
3. Small Sided Game 7 c 7 (+1), ad alta intensità, con porte regolari … 125
4. Gioco a 3 zone per creare superiorità numerica e avanzare in fase offensiva … 126
5. Gioco di posizione 9 c 7 (+3 portieri) con 3 porte … 127

PEP GUARDIOLA: PALMARES

SUCCESSI (in Europa e nel mondo)

- 2 UEFA Champions Leagues (2009, 2011)
- 3 Coppe del Mondo FIFA per Club (2009, 2011, 2013)
- 3 Supercoppe UEFA (2009, 2011, 2013)

SUCCESSI (Campionati Nazionali)

- 2 Premier Leagues - Inghilterra (2018, 2019)
- 3 Bundesliga - Germania (2014, 2015, 2016)
- 3 La Liga - Spagna (2009, 2010, 2011)
- 1 Tercera - 2a divisione spagnola (2008)

SUCCESSI (Coppe Nazionali)

- 1 FA Cup - Inghilterra (2019)
- 2 DFB-Pokal - Germania (2014, 2016)
- 2 Copa del Rey - Spagna (2009, 2012)
- 2 EFL Cup - Inghilterra (2018, 2019)
- 3 Supercopa de España - Spagna (2009, 2010, 2011)

CARRIERA

- Manchester City (2016 - ?)
- Bayern Monaco (2013 - 2016)
- Barcellona (2008 - 2012)
- Barcellona B (2007 - 2008)

PREMI INDIVIDUALI

- Allenatore dell'anno FIFA (2011)
- Allenatore europeo dell'anno - Associazione dei Giornalisti (2011)
- Allenatore europeo dell'anno - Alf Ramsey Award (2009)
- Allenatore dell'anno in Premier League - Inghilterra (2018)
- 4 volte allenatore dell'anno nella La Liga - Spagna (2009, 2010, 2011, 2012)

PEP GUARDIOLA: LE CITAZIONI PIÙ IMPORTANTI DEI GIOCATORI

"Ho avuto un maestro unico. Sono cresciuto molto, come giocatore, con Pep; ho imparato tanto da lui. Alcuni manager sono dei tattici di grande livello, ma Pep ti descrive anche i movimenti da compiere in campo e cosa avviene subito dopo. E succede!" (Lionel Messi)

"È un genio che legge il gioco e prevede qualsiasi situazione immaginabile. Ci mostra sempre come creare spazio e trovare soluzioni; non esiste un altro manager come lui, il che lo rende, probabilmente, il migliore al mondo." (Ilkay Gündoğan)

"C'è una cosa di cui si può essere sicuri: lui vuole dominare. Le persone associano le sue squadre al numero di goal che segnano, ma, allo stesso tempo, concedono molto poco. Vuole sempre essere un passo avanti, avere la palla, e dominare il possesso." (Thierry Henry)

"Ho imparato molto da Pep. È un genio. È possibile apprendere di più da lui in un'ora, che dagli altri in un anno. Non solo ti porta ad un livello superiore sul campo, ma anche mentalmente. Mi ha suggerito opzioni totalmente nuove, che non sapevo possibili, quando sono arrivato a Monaco. Ha trovato una nuova posizione per me." (Douglas Costa)

"È un allenatore incredibile, di un livello completamente differente, dal punto di vista tattico. Lui aiuta e sviluppa veramente i giocatori; a 30 anni, sono diventato un giocatore migliore." (Phillip Lahm)

INFORMAZIONI UTILI

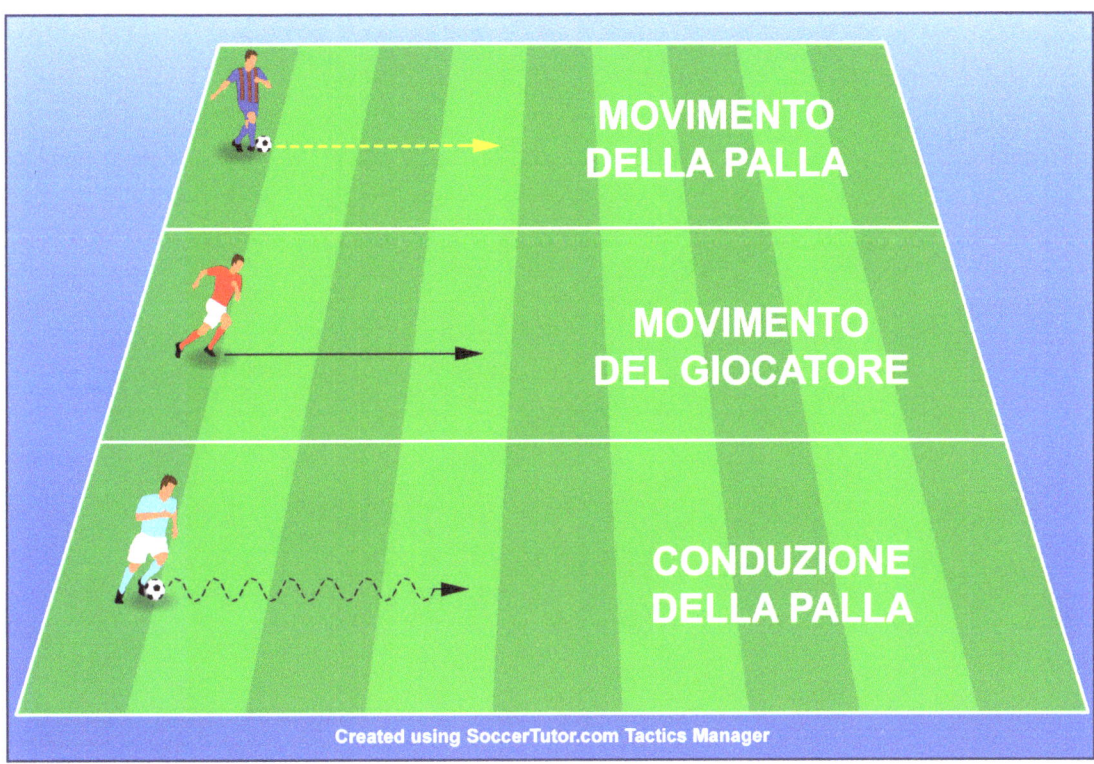

ORGANIZZAZIONE DELLE ESERCITAZIONI

- Le esercitazioni di questo libro sono tratte dalle sessioni di allenamento di Pep Guardiola al Manchester City, Bayern Monaco e Barcellona FC.

- Tema, titolo dell'esercitazione, chiara immagine esplicativa e descrizione dettagliata sono inclusi nella presentazione di ogni combinazione o flusso di gioco posizionale offensivi.

Esercitazioni per la fase di attivazione della seduta di allenamento

Dalle sessioni di allenamento di Pep Guardiola al Manchester City

Esercitazioni di Pep Guardiola: fase di attivazione della seduta

1. Circuito di attivazione con combinazioni di prima intenzione e trasmissione palla alta

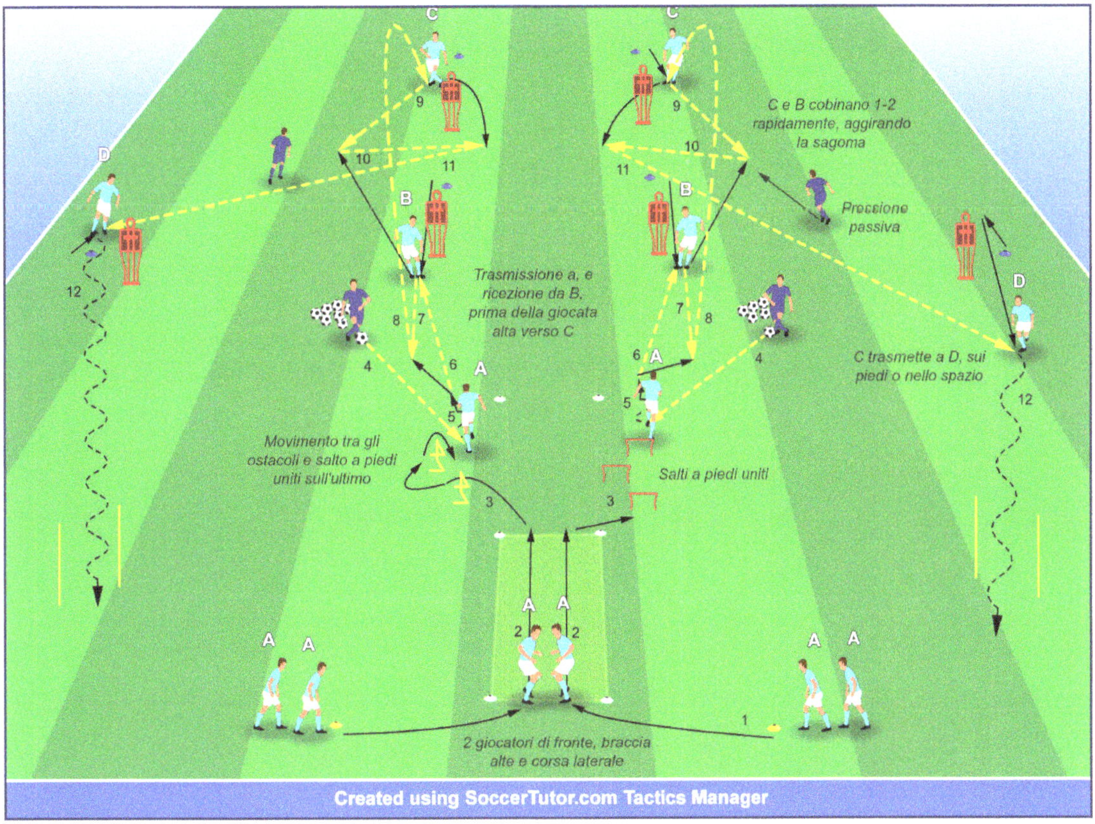

[Diagramma del campo con circuito di esercitazione]

I giocatori ruotano le posizioni come segue:
A -> B -> C -> D -> A.

Descrizione

- I 2 giocatori A sono posizionati frontalmente, nel mezzo.
- Saltano lateralmente gli ostacoli a braccia alte.
- A, sulla sinistra, si muove tra gli ostacoli e salta a piedi uniti oltre il secondo; A, sulla destra, salta i 3 ostacoli a piedi uniti.
- L'allenatore trasmette palla
- A riceve.
- A trasmette palla verso B.
- B gioca un passaggio di ritorno, completando una combinazione 1-2.
- A trasmette palla alta verso C.
- C scarica verso B.
- B trasmette sulla corsa di C, oltre la sagoma di fronte.
- C può giocare palla verso D, sia sui piedi, sia sulla corsa, oltre la sagoma di fronte.
- D riceve e conduce attraverso i paletti gialli e verso il punto di partenza.

Fonte: sessione di allenamento di Pep Guardiola al Man City - Etihad Campus Training Ground, Manchester - 13 Febbraio 2019

Esercitazioni di Pep Guardiola: fase di attivazione della seduta

2. Circuito tecnico di attivazione abbinato a lavori di velocità e rapidità

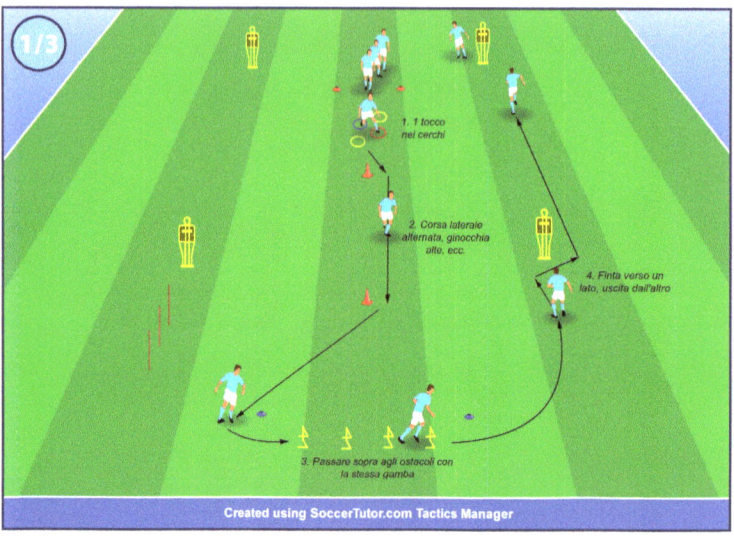

I giocatori ruotano in senso antiorario.

Variante 1/3

1. I giocatori saltano in ogni cerchio con un tocco a terra.
2. Si muovono lateralmente oppure a ginocchia alte.
3. Ognuno dei 4 ostacoli bassi deve essere saltato dalla stessa gamba.
4. Eseguono una finta di corpo verso una direzione e si muovono verso quella opposta, oltrepassando la sagoma.
5. Infine, tornano di corsa verso il punto d'inizio.

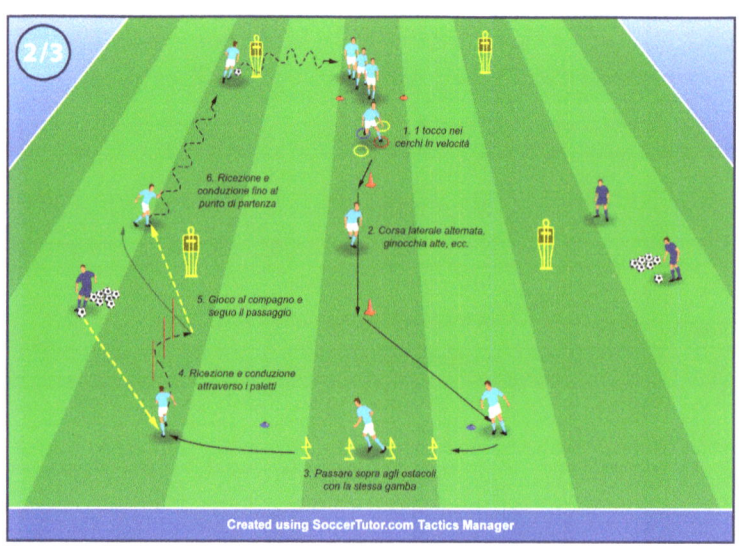

I giocatori ruotano in senso orario.

Variante 2/3

1-3. Come nella variante 1 di 3.
4. I giocatori ricevono un passaggio dall'assistente e conducono attraverso i paletti.
5. Trasmettono palla verso un compagno e seguono il passaggio.
6. Ricevono e conducono intorno alla sagoma, per tornare al punto di partenza.

Fonte: sessione di allenamento di Pep Guardiola al Man City - Etihad Campus Training Ground, Manchester - 16 Ottobre 2017

Esercitazioni di Pep Guardiola: fase di attivazione della seduta

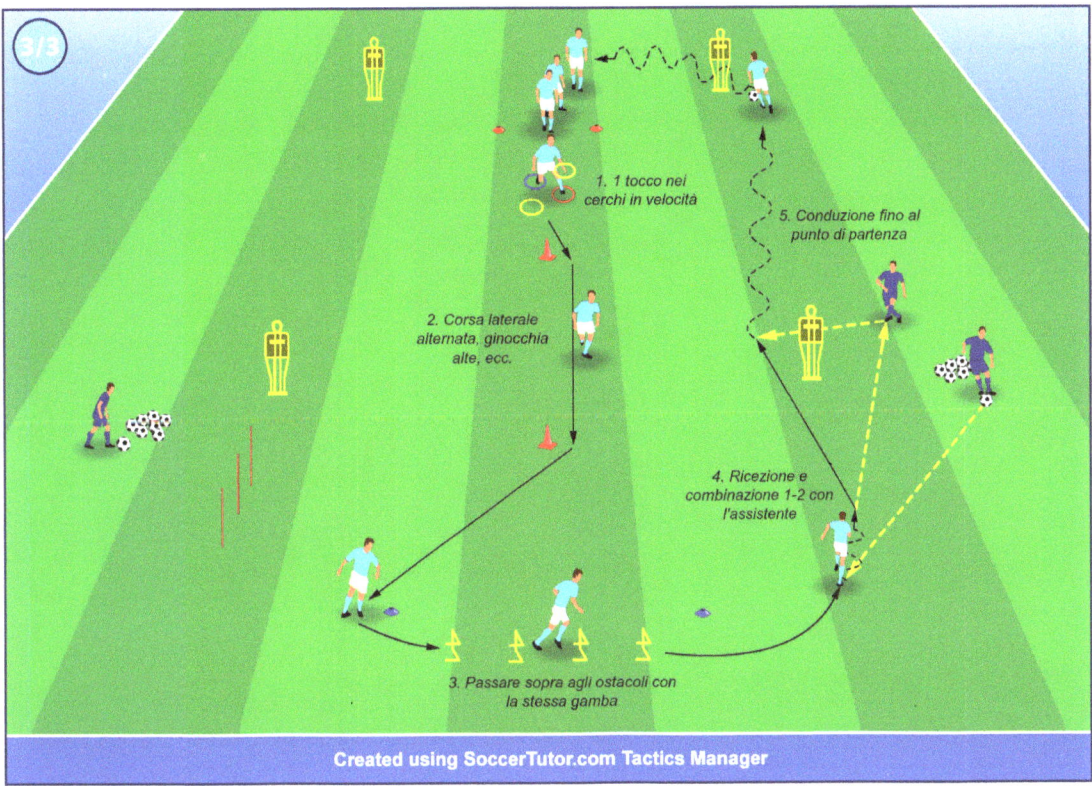

I giocatori ruotano in senso antiorario.

Variante 3/3

1. I giocatori saltano in ogni cerchio con un tocco a terra.
2. Si muovono lateralmente oppure a ginocchia alte.
3. Ognuno dei 4 ostacoli bassi deve essere saltato dalla stessa gamba.
4. I giocatori ricevono un passaggio dal primo assistente e combinano 1-2 con il secondo, controllando il passaggio di ritorno, al di là della sagoma.
5. Infine, conducono palla intorno alla sagoma, per tornare al punto di partenza.

Fonte: sessione di allenamento di Pep Guardiola al Man City - Etihad Campus Training Ground, Manchester - 16 Ottobre 2017

Esercitazioni di Pep Guardiola: fase di attivazione della seduta

3. Circuito di attivazione per velocità e rapidità abbinato a rondos 5 c 2

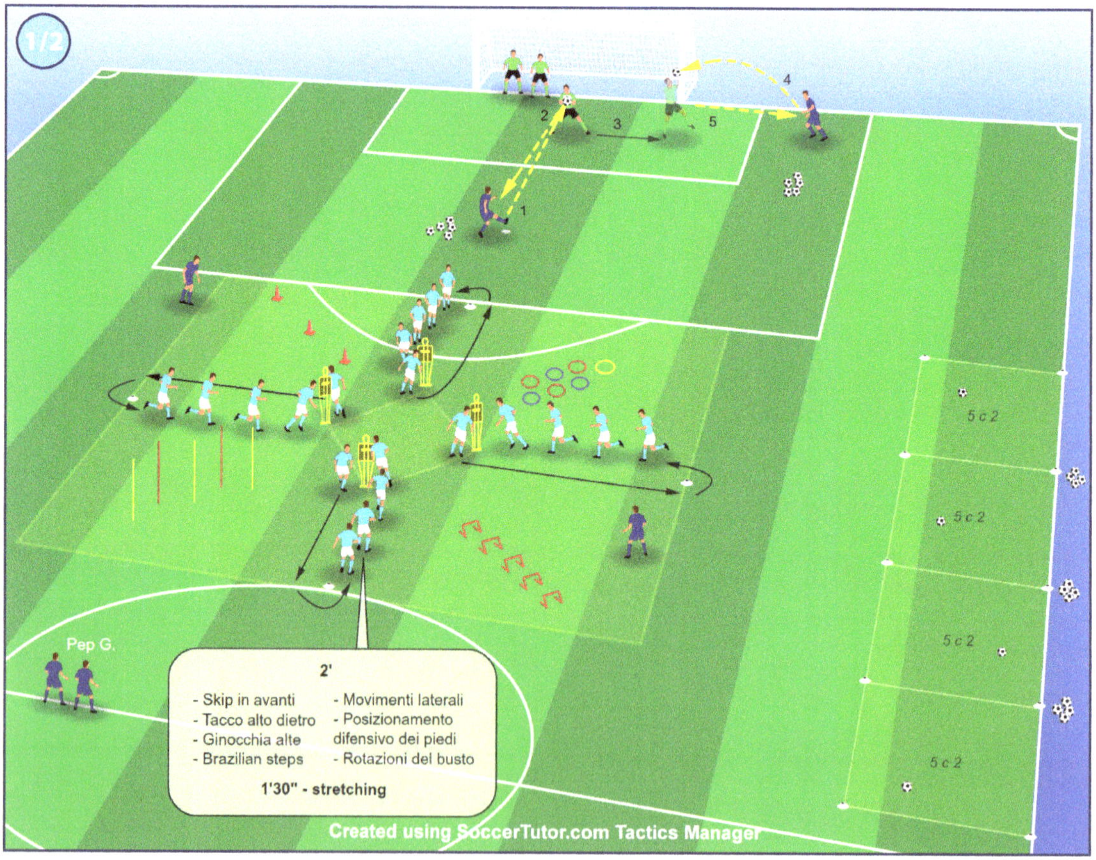

I portieri si allenano separatamente con il preparatore, lavorando su parate e prese alte.

Descrizione 1/2

I giocatori sono divisi in gruppi da 5 e si muovono tra le sagome, partendo dai coni, svolgendo le seguenti proposte per 2':

- Skip in avanti.
- Tacco alto dietro.
- Ginocchia alte.
- "Brazilian steps".
- Andature laterali.
- Posizionamento difensivo dei piedi.
- Rotazioni del busto.

Queste attività sono seguite da 1';30" di stretching.

Fonte: sessione di allenamento di Pep Guardiola al Man City - Etihad Campus Training Ground, Manchester - 12 Febbraio 2018

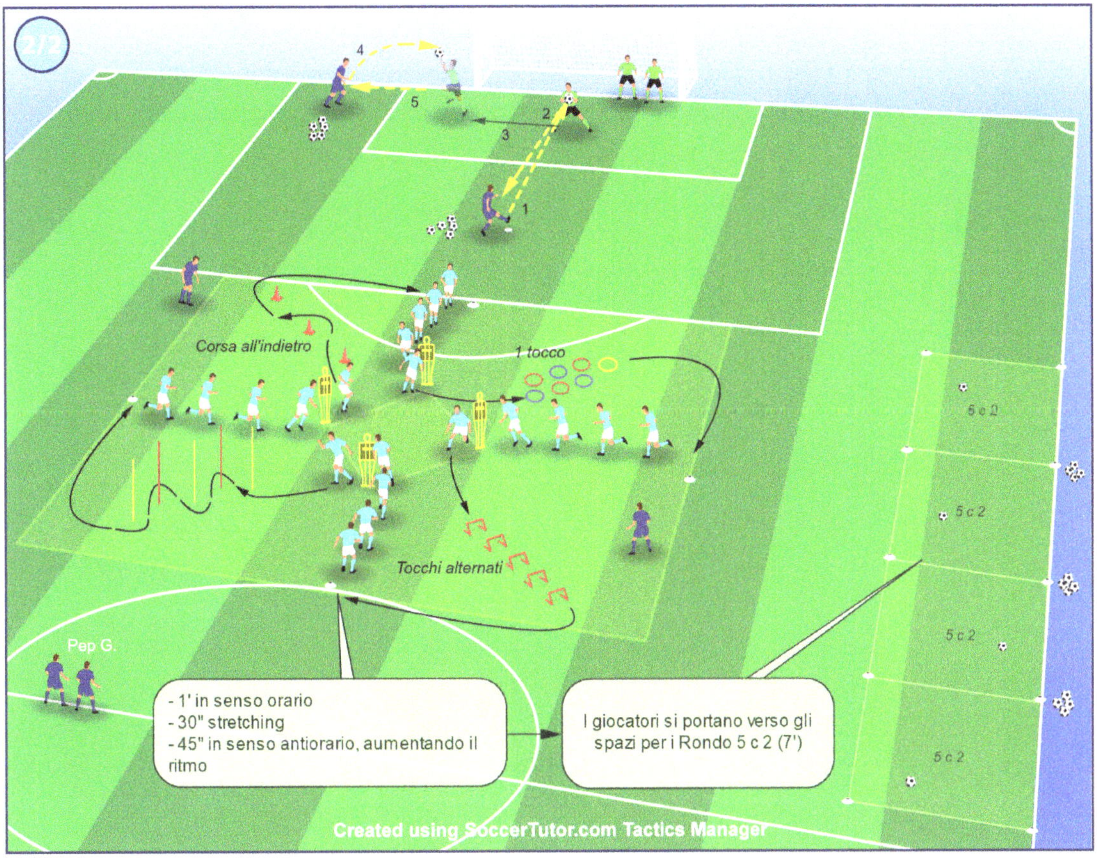

Esercitazioni di Pep Guardiola: fase di attivazione della seduta

I giocatori iniziano le sequenze sui coni, in gruppi da 5 e ruotano, in senso orario, attraverso le stazioni.

Descrizione 2/2

- Corsa intorno alla sagoma.
- Slalom tra i paletti.
- Corsa introno alla sagoma.
- Corsa all'indietro tra i coni
- Corsa intorno alla sagoma.
- Skip tra i paletti con tocchi a terra rapidi (destro e sinistro).
- Corsa intorno alla sagoma.
- Alternare i tocchi a terra fra gli ostacoli (destro e sinistro).

- Queste attività sono seguite da 30" di stretching.
- I giocatori ripetono il circuito, in senso antiorario, aumentando il ritmo di esecuzione.
- 7' di rondo 5 c 2 completano la fase di attivazione.

Fonte: sessione di allenamento di Pep Guardiola al Man City - Etihad Campus Training Ground, Manchester - 12 Febbraio 2018

Attivazione pre-gara del Manchester City

Dalla fase di attivazione pre-gara del Manchester City

Esercitazioni di Pep Guardiola: Attivazione pre-gara del Manchester City

Attivazione pre-gara del Manchester City

Parte 1 di 5. Esercitazioni individuali generali

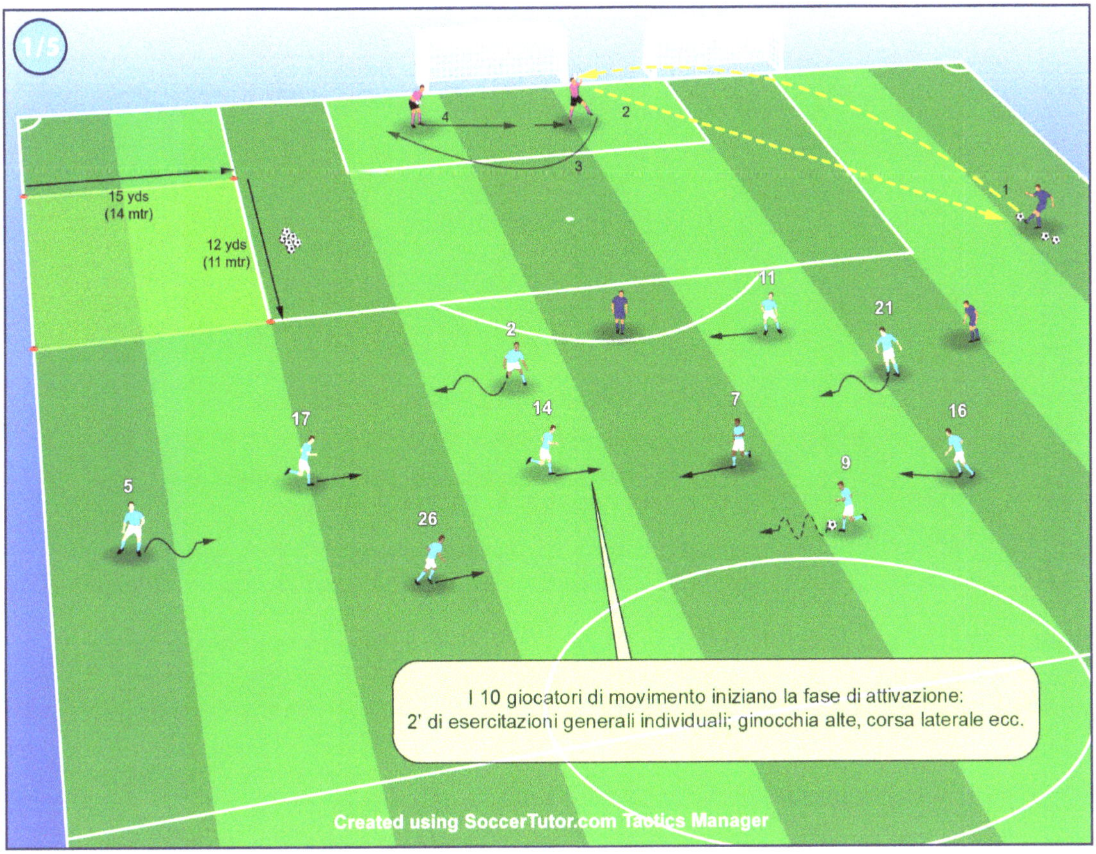

[Diagramma del campo con giocatori disposti per l'attivazione pre-gara]

I 10 giocatori di movimento iniziano la fase di attivazione: 2' di esercitazioni generali individuali; ginocchia alte, corsa laterale ecc.

I giocatori entrano in campo e dispongono di 2' liberi, prima di iniziare la fase di attivazione collettiva.

Giocatori di movimento

- I 10 giocatori di movimento sono sparsi sul campo, per iniziare la fase di attivazione.
- Svolgono lavori generali individuali per 2'; ginocchia alte, corsa laterale ecc.

Portieri

- I portieri lavorano con il preparatore, a turno, sulle prese alte da cross, come mostrato.

Fonte: attivazione pre-gara del Manchester City contro il West Ham - London Stadium (Premier League) - 10 Agosto 2019

Esercitazioni di Pep Guardiola: attivazione pre-gara del Manchester City

Parte 2 di 5. Esercizi di mobilità e stretching

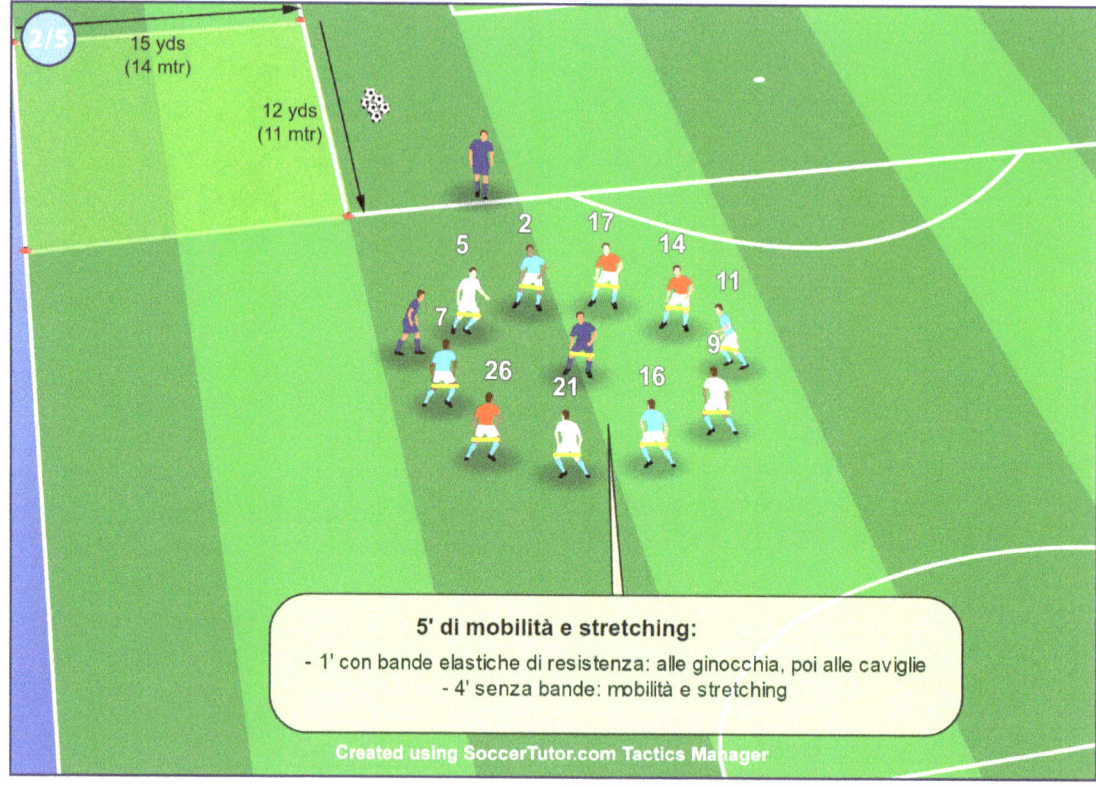

5' di mobilità e stretching:
- 1' con bande elastiche di resistenza: alle ginocchia, poi alle caviglie
- 4' senza bande: mobilità e stretching

Bande elastiche di resistenza (1')

1. **Con bande elastiche di resistenza intorno alle ginocchia:** 10 torsioni del busto controllate, piegando le ginocchia, 5 squat, 12 affondi in diagonale (6 per lato), 6 affondi indietro con mezza torsione del busto (3 per lato).

2. **Con bande estatiche di resistenza intorno alle caviglie:** aperture laterali, in arretramento e ritorno (3-4 per lato); 4 aperture laterali con salto (2 per lato)

Senza bande elastiche di resistenza (4')

1. Allunghi gambe (destra e sinistra), rotazione del bacino, rotazione del bacino (180°) dopo balzo e stretching.

2. Ginocchia alte, allunghi delle gambe (sinistra e destra), aperture con rotazione del bacino, ginocchia alte laterali.

3. Skip in allontanamento, ginocchia alte nel ritorno verso il cerchio.

4. Skip in allontanamento, alzate dei tacchi nel ritorno verso il cerchio.

5. Stretching (quadricipite e linguine) e rotazione dell'anca.

6. Allontanamento e ritorno verso il cerchio in corsa laterale.

7. Lavori per il quadricipite e stretching (quadricipite e linguine).

8. "Brazilian steps" in allontanamento dal cerchio e ritorno.

9. Aperture in allontanamento e ritorno nel cerchio.

10. Mobilità e stretching.

11. Salti con pausa in allontanamento e ritorno nel cerchio.

Fonte: attivazione pre-gara del Manchester City contro il West Ham - London Stadium (Premier League) - 10 Agosto 2019

Esercitazioni di Pep Guardiola: attivazione pre-gara del Manchester City

Parte 3 di 5. Rondo 4 c 4 (+3)

Il sostituto Phil Foden (47) si unisce per raggiungere il numero di giocatori necessario

Rondo 4 (+3) c 4

Spazio 11 x 14 m. 2 squadre da 4 (blu e arancio) + 3 jolly bianchi a supporto della squadra in possesso.

Se la squadra difendente (blu) conquista palla, i ruoli si invertono.

3-4 serie: 1' di gioco, 30'' di recupero.

Per vedere il video di questa parte dell'attivazione pre-gara del Manchester City (rondo 4 c 4 +3), scannerizzare il codice QR sul telefono.

3-4 ripetizioni: 1' di gioco, 30" di recupero.

Descrizione

- 2 squadre di 4 giocatori (blu e arancione) sono posizionate all'interno di uno spazio 11x14 m, insieme a 3 jolly.

- I 4 giocatori arancioni sono posizionati sui lati lunghi (2 per lato), mentre quelli blu agiscono all'interno dell'area. 2 jolly sono posizionati lungo i lati corti della struttura ed il 3° agisce nel mezzo.

- La squadra arancione deve sfruttare la superiorità numerica (7 c 4) per mantenere il possesso. La squadra blu cerca il mantenimento del possesso; in caso di conquista della palla, i ruoli delle squadre s'invertono.

- I giocatori arancioni si muovono rapidamente verso l'interno per cercare la riconquista immediata della palla. I blu si scaglionano in ampiezza e cercano il mantenimento del possesso, con l'aiuto dei jolly.

Fonte: attivazione pre-gara del Manchester City contro il West Ham - London Stadium (Premier League) - 10 Agosto 2019

Esercitazioni di Pep Guardiola: attivazione pre-gara del Manchester City

Parte 4 di 5. Trasmissione palla, colpo di testa e conclusione

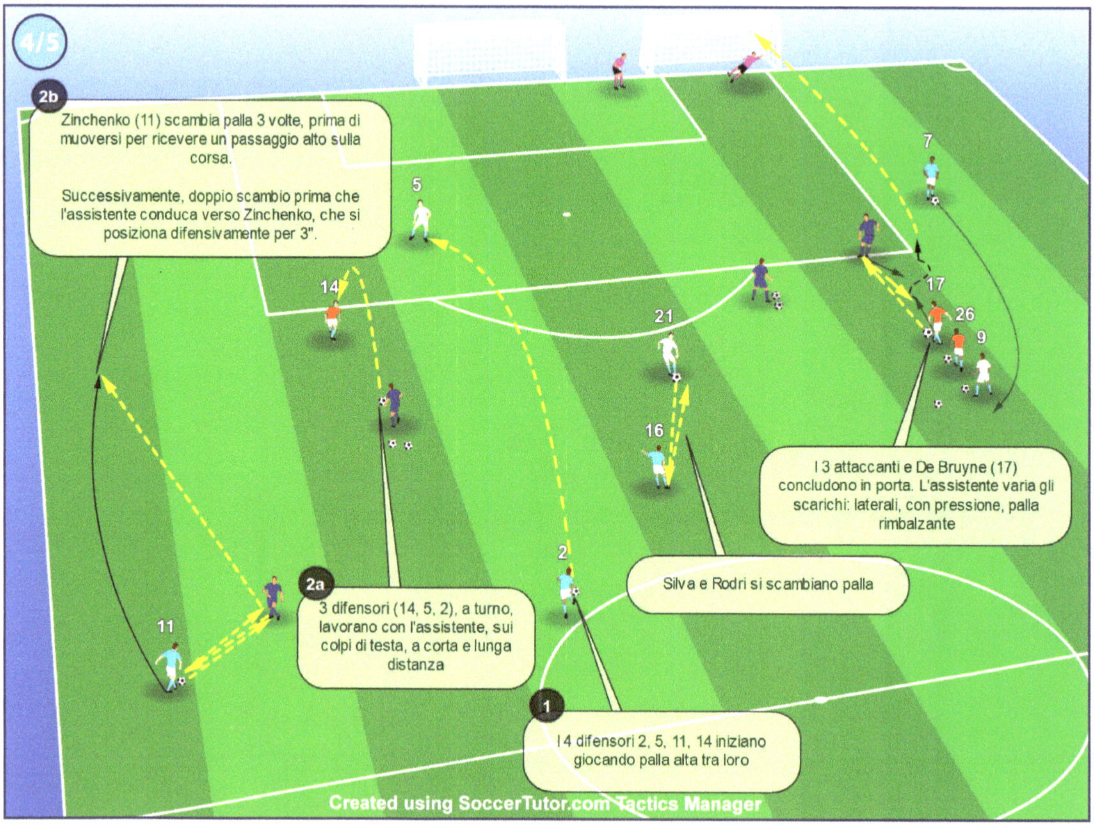

Per vedere il video di questa parte dell'attivazione pre-gara del Manchester City (rondo 4 c 4 +3), scannerizzare il codice QR sul telefono.

Attaccanti

- Il centrocampista offensivo **De Bruyne (17)** si unisce all'attaccante **Jesus (9)**, all'esterno alto sinistro **Sterling (7)** e al destro **Mahrez (26)**. Lavorano su conclusioni, dopo ricezione palla dall'assistente, in varie forme: appoggio laterale, sotto pressione e palla rimbalzante.

Centrocampisti

- Il centrocampista offensivo **Silva (21)** e quello difensivo **Rodrigo (16)** giocano palla tra loro.

Difensori

1. I 4 difensori eseguono lanci lunghi, inizialmente.
2. **Laporte (14), Stones (5)** e **Walker (2)** eseguono colpi di testa a breve distanza, giocando palla verso l'assistente.
3. Il laterale basso sinistro **Zinchenko (11)** scambia palla 3 volte con l'assistente prima di ricevere un passaggio lungo. Infine, si scambiano palla 2 volte, prima che l'assistente punti palla al piede **Zinchenko (11)**, che prende posizione per 3".

Fonte: attivazione pre-gara del Manchester City contro il West Ham - London Stadium (Premier League) - 10 Agosto 2019

Esercitazioni di Pep Guardiola: attivazione pre-gara del Manchester City

Parte 5 di 5. Sprint a coppie

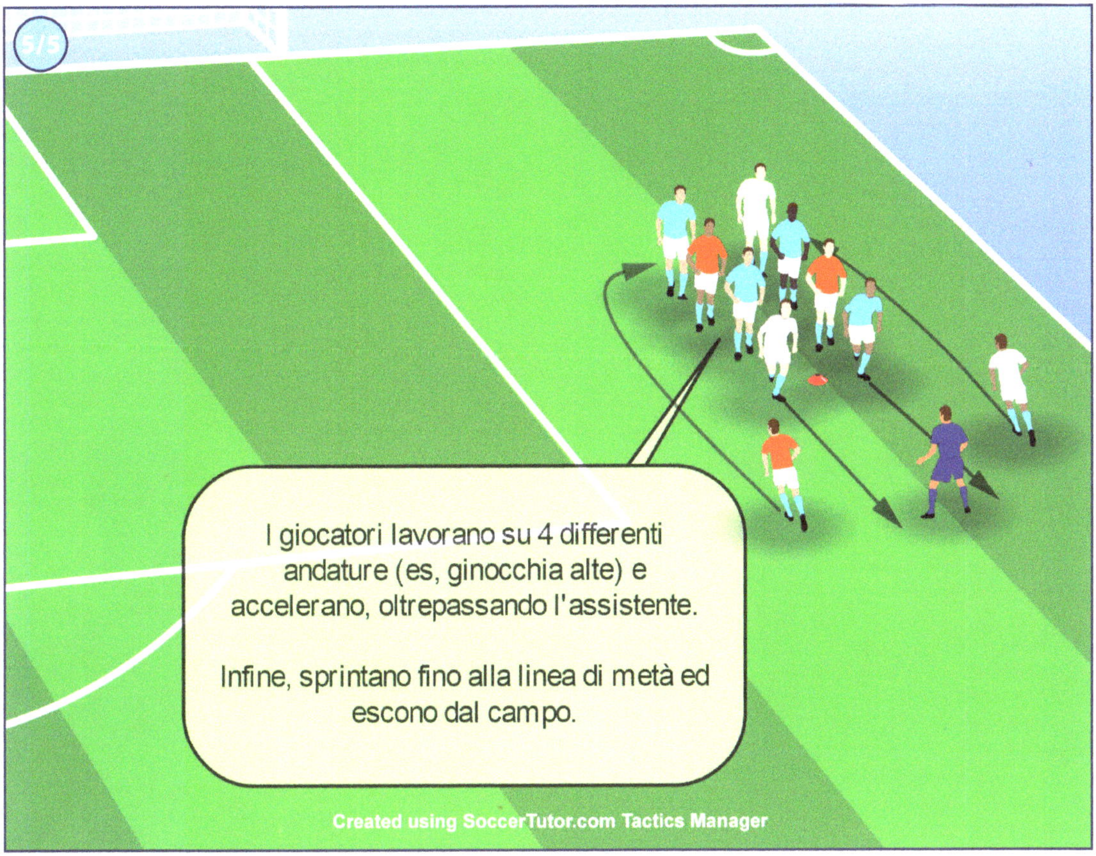

Per vedere il video di questa parte dell'attivazione pre-gara del Manchester City (rondo 4 c 4 +3), scannerizzare il codice QR sul telefono.

I giocatori lavorano a coppie e svolgono 4 differenti esercitazioni per la rapidità, prima di accelerare verso l'assistente.

Descrizione

- Ginocchia alte e sprint.
- Salti con rotazione e sprint.
- Salto per colpo di testa, in posizione frontale uno all'altro e sprint.
- L'uno di fronte all'altro, lateralmente, passo indietro (verso sinistra) e allungo finale fino alla linea di metà campo.
- Uscita dal campo.

Fonte: attivazione pre-gara del Manchester City contro il West Ham - London Stadium (Premier League) - 10 Agosto 2019

Esercitazioni per allenare velocità e rapidità senza palla

Dalle sessioni di allenamento di Pep Guardiola

Esercitazioni di Pep Guardiola:

1. Esercitazioni per la forza esplosiva con ostacoli e bande elastiche di resistenza

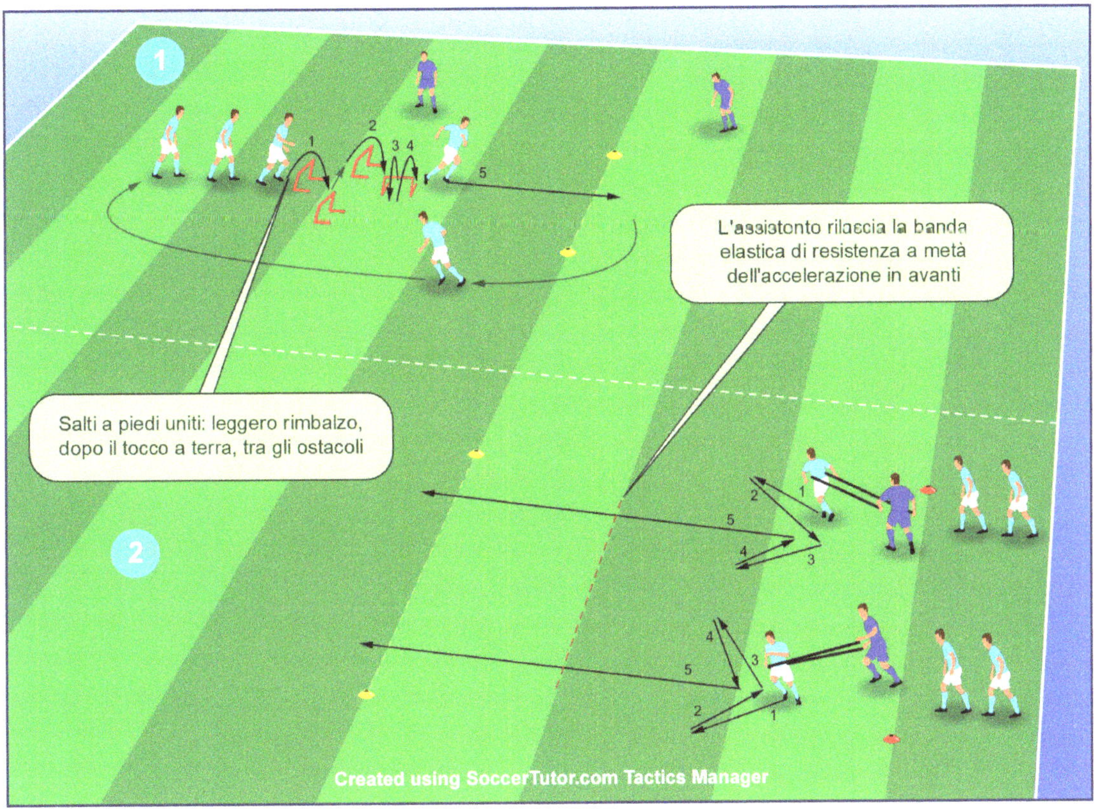

Gruppo 1

- Salto in avanti, sopra al primo ostacolo a piedi uniti e spostamento verso sinistra (o destra). I giocatori atterrano su bosu per equilibrio dopo ogni salto.
- Salto in avanti a piedi uniti sopra il secondo ostacolo.
- Salto laterale sopra il terzo ostacolo.
- Salto laterale per tornare in posizione.
- Accelerazione in avanti

Gruppo 2

- Accelerazione verso sinistra (o destra) mentre l'assistente trattiene il giocatore con una banda elastica di resistenza attorno alla vita
- Ritorno alla posizione di partenza.
- Ripetizione della prima proposta, in direzione opposta (destra o sinistra).
- Ritorno alla posizione di partenza.
- I giocatori accelerano fino al cono e l'assistente lascia la banda a metà dello sprint.

Fonte: sessione di allenamento di Pep Guardiola al Man City - Etihad Campus Training Ground, Manchester

Esercitazioni di Pep Guardiola: proposte per allenare velocità e rapidità senza palla

2. Esercitazioni per rapidità e coordinazione abbinate a sprint

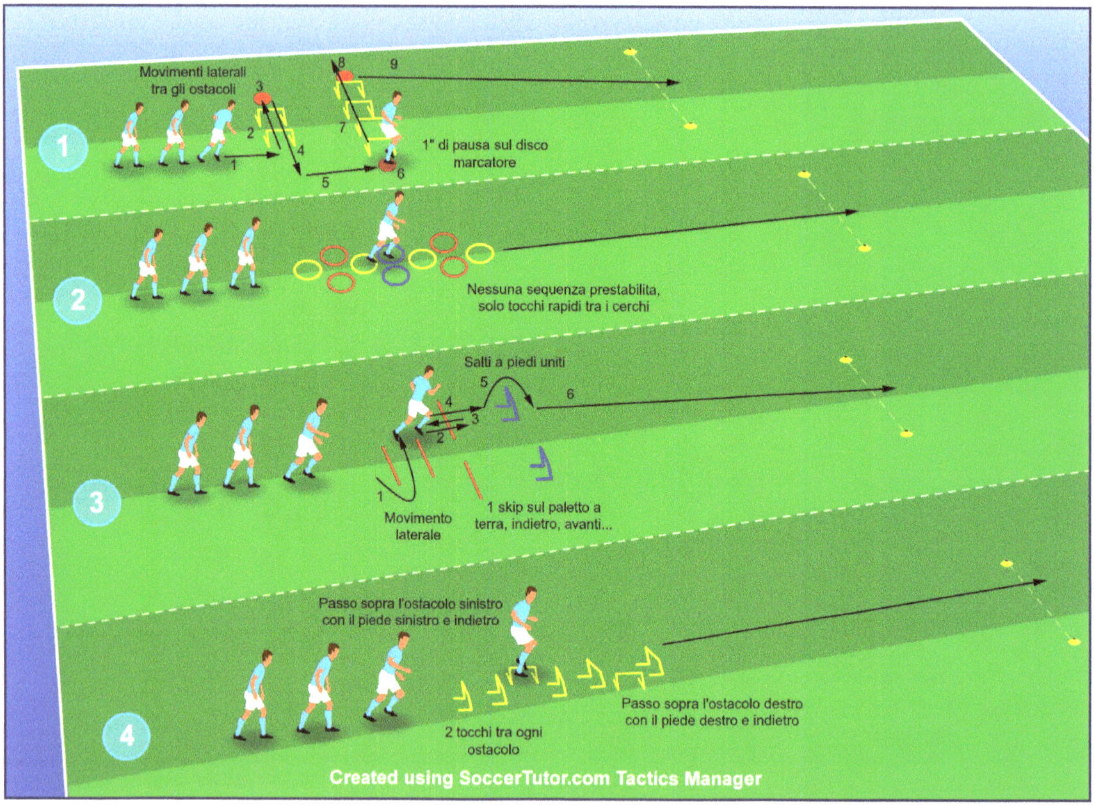

Gruppo 1
- I giocatori svolgono skip laterali sugli over, restando 1" su ogni disco marcatore.
- Accelerazione attraverso i coni.

Gruppo 2
- Skip rapidi fra i cerchi (nessuna sequenza prefissata).
- Accelerazione attraverso i coni.

Gruppo 3
- Movimenti laterali attraverso i primi 2 paletti a terra e, successivamente, verso destra e sinistra.
- Skip sul paletto a terra successivo, passo indietro ed ancora avanti.
- Salto a piedi uniti sopra l'ostacolo ed accelerazione attraverso i coni.

Gruppo 4
- I giocatori effettuano 2 skip su ogni ostacolo.
- In corrispondenza dell'ostacolo sulla sinistra, skip con il piede sinistro e ritorno.
- In corrispondenza dell'ostacolo sulla destra, skip con il piede destro e ritorno.
- Accelerazione attraverso i coni.

Fonte: sessione di allenamento di Pep Guardiola al Man City - Etihad Campus Training Ground, Manchester

Esercitazioni di Pep Guardiola: proposte per allenare velocità e rapidità senza palla

3. Esercitazioni per rapidità e coordinazione abbinate a sprint e cambi di direzione

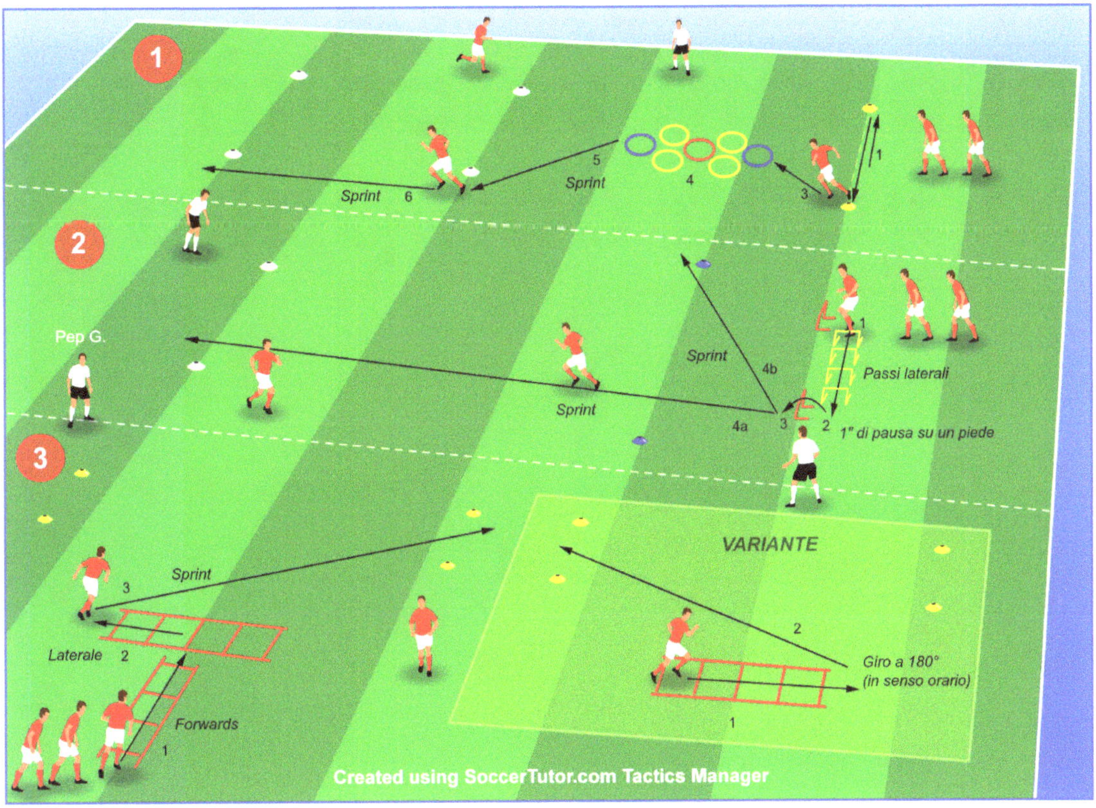

Gruppo 1

- Skip laterale sul cono di destra e su quello di sinistra.
- Skip rapido tra i cerchi
- Accelerazione in diagonale verso il primo cono bianco.
- Accelerazione in avanti

Gruppo 2

- Skip laterale sugli ostacoli bassi gialli.
- Passo avanti sull'ostacolo basso rosso.
- Breve accelerazione verso il cono blu e allungo attraverso i coni bianchi.

Gruppo 3

- Skip in avanti sulla prima speed ladder.
- Skip laterale sulla seconda speed ladder (sinistra o destra).
- Accelerazione in diagonale attraverso i coni opposti.

Gruppo 3 (Variante)

- Skip in avanti sulla speed ladder.
- Giro a 180° in senso orario.
- Accelerazione in diagonale attraverso i coni.

Fonte: sessione di allenamento di Pep Guardiola al Bayern Monaco - Säbener Strasse Trainingsgelände, Monaco - 9 Gennaio 2014

©SOCCERTUTOR.COM   ESERCITAZIONI DEGLI ALLENAMENTI DI PEP GUARDIOLA - VOL.2

Esercitazioni per allenare velocità e rapidità con palla

Dalle sessioni di allenamento di Pep Guardiola al Barcellona Fc

Esercitazioni di Pep Guardiola: proposte per allenare velocità e rapidità con palla

1. Esercitazione per velocità e rapidità abbinate a doppia combinazione 1-2 e conclusione

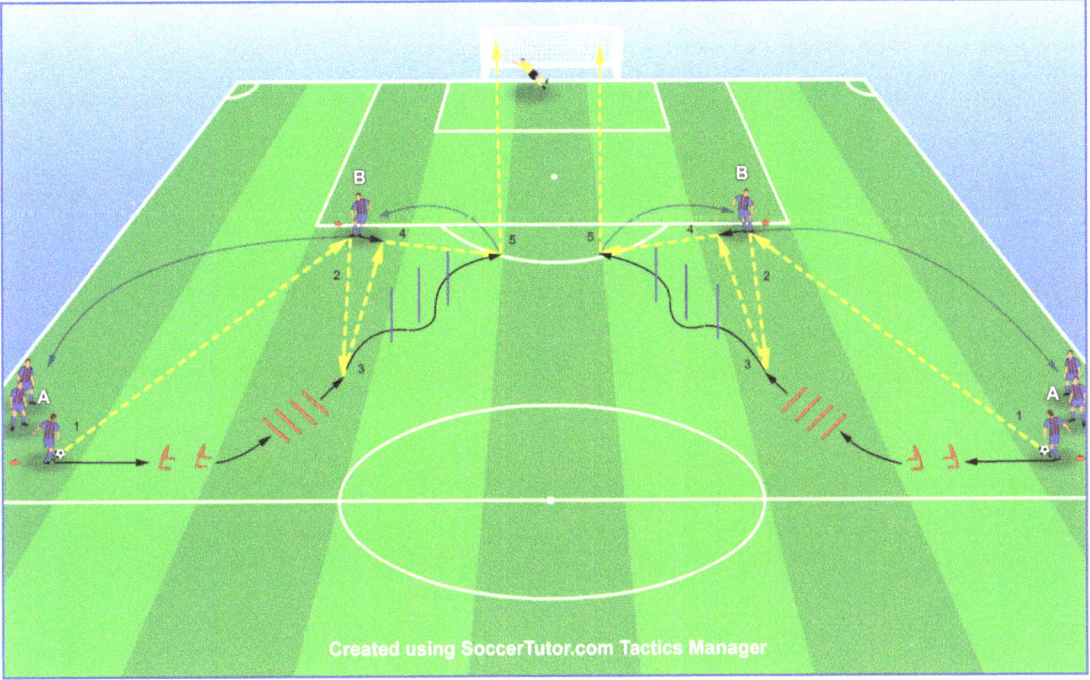

Ogni ripetizione ha la durata di 9"-10". I giocatori svolgono 2 serie da 8', con 2' di recupero tra le serie.

6. I giocatori ruotano le posizioni (A -> B -> A) e quello successivo inizia la sequenza.

Descrizione

1. Il giocatore A trasmette palla lunga verso B, salta i 2 ostacoli e allunga il passo attraverso i paletti rossi a terra.

2. B gioca verso A, oltre i paletti rossi a terra.

3. B riceve il passaggio di ritorno di A, che compie uno slalom tra i paletti blu, come mostrato.

4. B trasmette verso il centro, sulla corsa di A.

5. A conclude da fuori area di rigore.

Fonte: sessioni di allenamento di Pep Guardiola al Barcellona B (2007-08)

2. Esercitazione per velocità e rapidità abbinate a conduzione, trasmissione palla lunga, combinazione 1-2 e conclusione

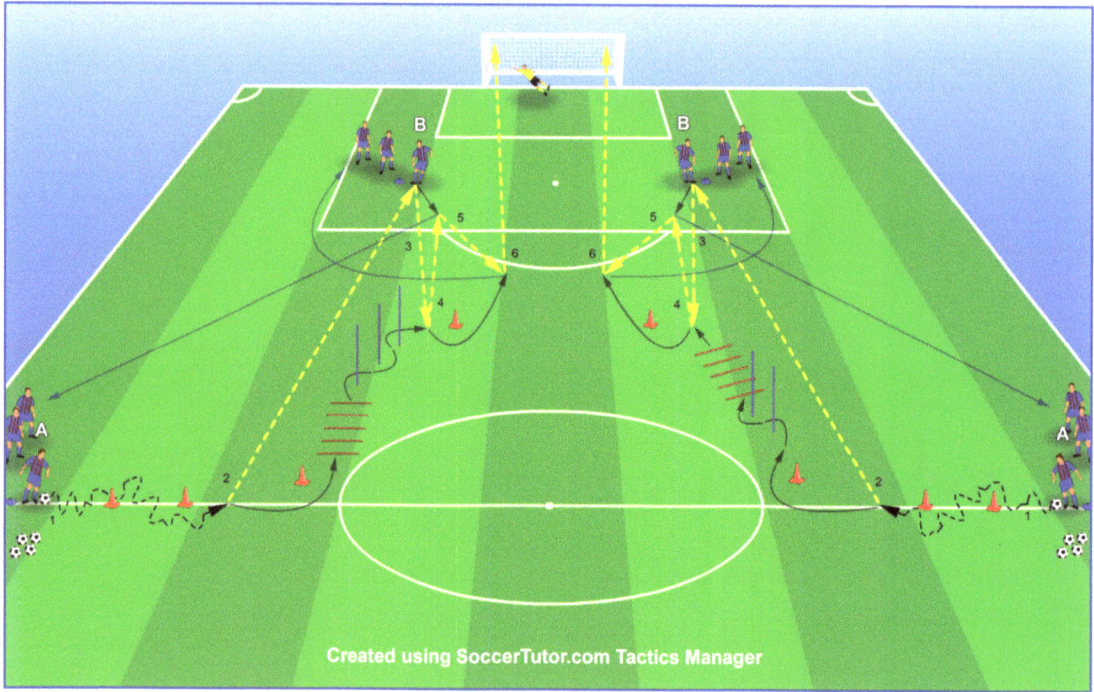

Ogni serie comprende 3 ripetizioni su ogni lato (6 conclusioni totali). I giocatori svolgono 2 serie, con 3' di recupero tra le serie.

Descrizione

1. Il giocatore A conduce attraverso i coni.

2. A gioca palla lunga verso B, si muove attorno ai coni, allunga attraverso i paletti rossi a terra e, successivamente, compie uno slalom tra i paletti blu.

3. B gioca verso A, oltre i paletti blu.

4. B riceve il passaggio di ritorno di A, che si muove tra i coni, come mostrato.

5. B gioca palla, nuovamente, sulla corsa di A.

6. A conclude da fuori area di rigore.

7. I giocatori ruotano le posizioni (A -> B -> A) e quello successivo inizia la sequenza.

Dopo 3 ripetizioni lungo un lato, i giocatori si spostano verso quello opposto, rispetto alle posizione dei giocatori B.

Fonte: sessioni di allenamento di Pep Guardiola al Barcellona B (2007-08)

Esercitazioni di Pep Guardiola: proposte per allenare velocità e rapidità con palla

3. Esercitazione per velocità e rapidità abbinate a rapidi cambi di direzione, doppia combinazione 1-2 e conclusione

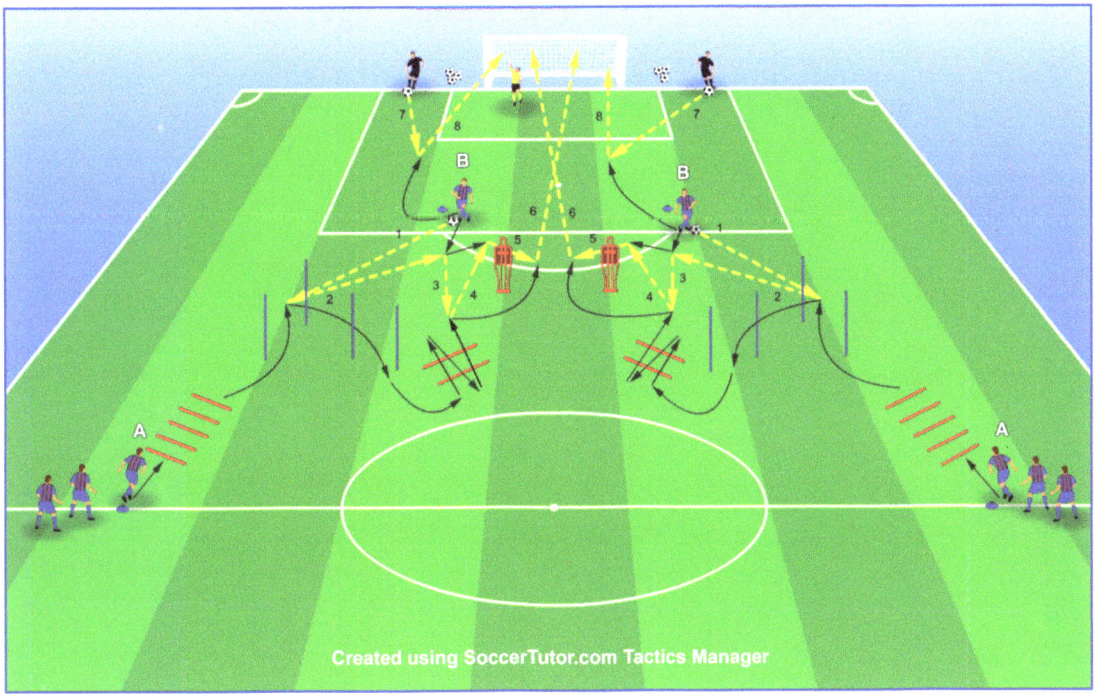

Ogni serie comprende 3 ripetizioni su ogni lato (6 conclusioni totali). I giocatori svolgono 2 serie, con 3' di recupero tra le serie.

Descrizione

1. Il giocatore A allunga attraverso i paletti rossi a terra e tra i primi 2 blu, dove B gli trasmette palla.
2. A gioca indietro verso B, si muove centralmente e indietro, attraverso i 2 paletti blu successivi. A si sposta avanti, indietro e ancora avanti, attraverso i paletti rossi a terra.
3. B trasmette palla nuovamente verso A.
4. A combina 1-2 con B.
5. B gioca il passaggio di ritorno sulla corsa di A, che aggira la sagoma.
6. A conclude da fuori area di rigore.
7. L'assistente gioca una nuova palla verso B.
8. B si muove in avanti e conclude.
10. I giocatori ruotano le posizioni (A -> B -> A) e quello successivo inizia la sequenza.

Dopo 3 ripetizioni lungo un lato, i giocatori si spostano verso quello opposto, rispetto alle posizioni dei giocatori B.

Fonte: sessioni di allenamento di Pep Guardiola al Barcellona B (2007-08)

Esercitazioni di Pep Guardiola: proposte per allenare velocità e rapidità con palla

4. Esercitazione per velocità e rapidità abbinate a conduzione, trasmissione palla in ampiezza, cross e conclusione

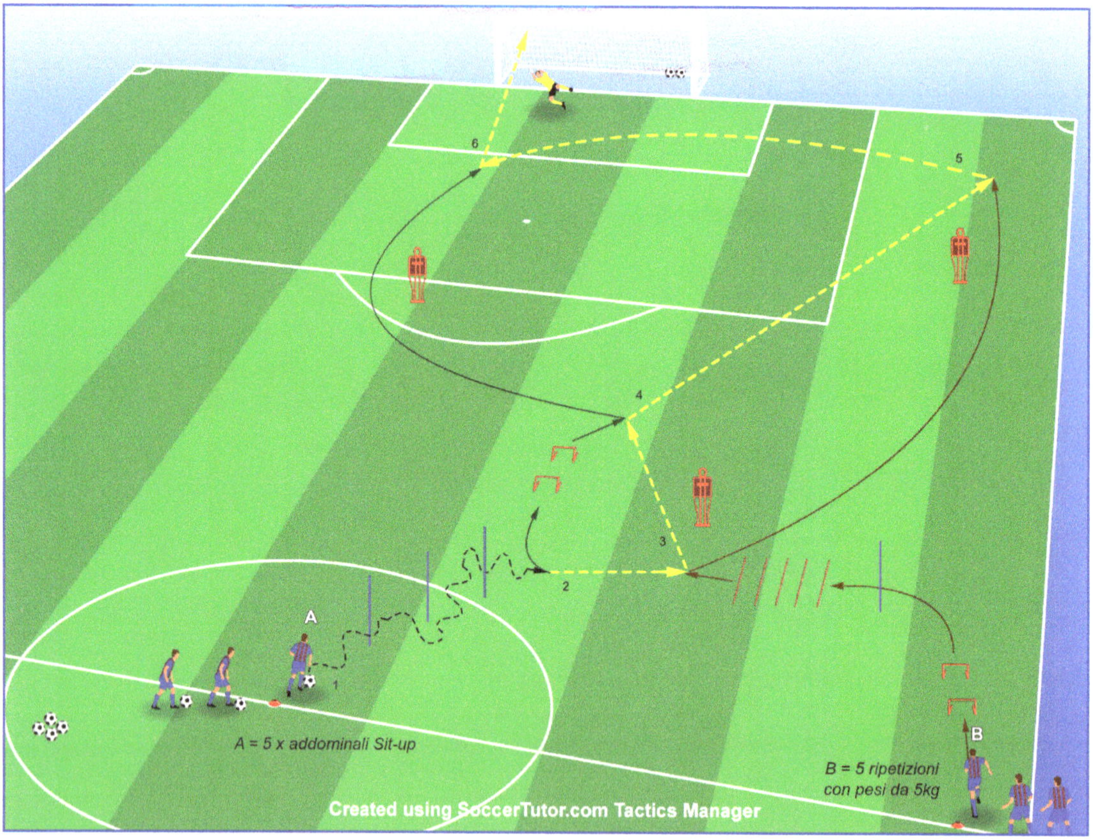

I giocatori svolgono una prima serie da 4 giri ed una seconda da 3, con 3' di recupero tra le serie. Le distanze del circuito sono ridotte del 20%, nella seconda serie.

Descrizione

1. Il giocatore A svolge 5 addominali sit-up e, successivamente, conduce palla tra i paletti. C svolge 5 ripetizioni di esercizi con palla medica da 5kg.

2. A trasmette palla a B, che riceve dopo aver saltato 2 ostacoli, aver allungato attorno al paletto e tra quelli a terra.

3. B gioca palla di ritorno sulla corsa di A, oltre gli ostacoli, che il ricevente ha appena saltato.

4. A trasmette in ampiezza e in profondità, sulla corsa di B, che ha aggirato la sagoma.

5. B crossa in area di rigore, all'interno della quale si è portato A, dopo aver aggirato la sagoma.

6. A cerca la conclusione.

Fonte: sessioni di allenamento di Pep Guardiola al Barcellona B (2007-08)

Esercitazioni di Pep Guardiola: proposte per allenare velocità e rapidità con palla

5. Esercitazione per allenare la velocità abbinata a scarico palla, trasmissione in ampiezza, cross e conclusione

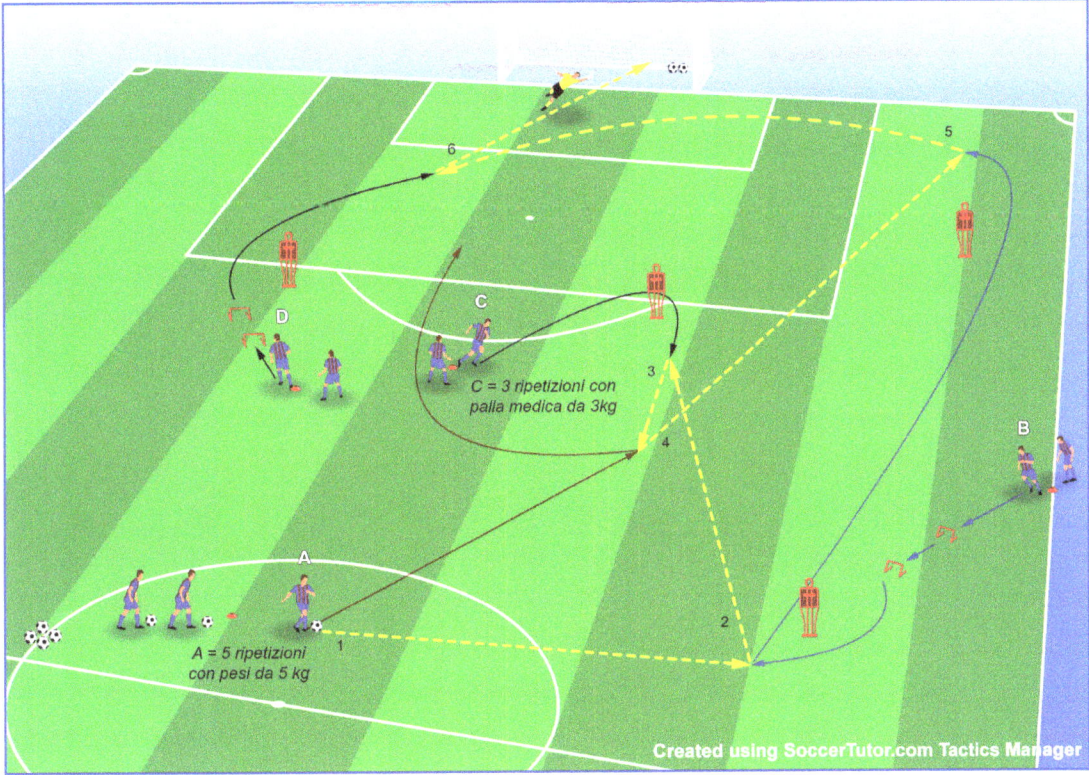

I giocatori svolgono 2 serie da 4 ripetizioni, con 3' di recupero tra le serie.

Descrizione

1. Il giocatore A lavora con pesi da 5 Kg e trasmette palla a B, che ha saltato sui 2 ostacoli e aggirato la sagoma prima di ricevere. C svolge 3 ripetizioni di esercizi con palla medica da 3kg.

2. B trasmette in avanti verso C, che aggira la sagoma e si muove incontro per ricevere.

3. C scarica palla sul movimento in avanti di A.

4. A trasmette in ampiezza e in profondità, sulla corsa di B, che ha aggirato la sagoma. C arcua il proprio movimento per inserirsi in area di rigore; D salta i 2 ostacoli e si inserisce in area.

5. B crossa in area di rigore.

6. C e D cercano la conclusione.

7. I giocatori ruotano le posizioni come segue:
A -> B -> C -> D -> A.

Dopo 2 ripetizioni lungo un lato, i giocatori si spostano verso quello opposto.

Fonte: sessioni di allenamento di Pep Guardiola al Barcellona B (2007-08)

Esercitazioni di Pep Guardiola: proposte per allenare velocità e rapidità con palla

6. Esercitazione per velocità e rapidità abbinate a scarico palla, trasmissione in ampiezza, cross e conclusione

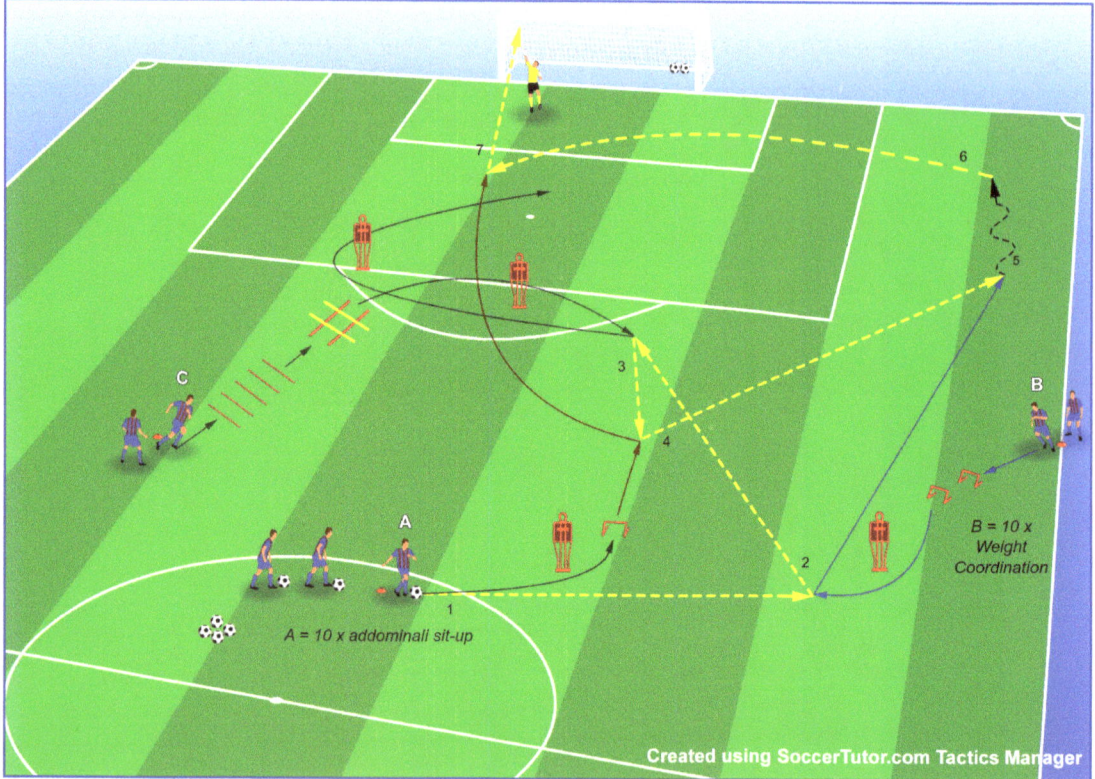

I giocatori svolgono 2 serie da 6 ripetizioni, con 3' di recupero tra le serie.

Descrizione

1. Il giocatore A svolge 10 ripetizioni di addominali sit-up, trasmette palla a B, oltrepassa la sagoma, salta sopra l'ostacolo e si porta in avanti.

2. B svolge 10 ripetizioni di proposte coordinative, salta sopra i 2 ostacoli, aggira la sagoma e trasmette palla in avanti verso C.

3. C esegue proposte per la rapidità sui paletti a terra, aggira la sagoma e scarica palla di ritorno sulla corsa di A.

4. A trasmette in ampiezza e in profondità, sulla corsa lungo la fascia di B. A e C aggirano le rispettive sagome e si inseriscono in area di rigore.

5. B riceve e conduce in avanti.

6. B crossa in area di rigore.

7. A e C cercano di concludere.

8. I giocatori ruotano le posizioni come segue: A -> B -> C -> A.

Fonte: sessioni di allenamento di Pep Guardiola al Barcellona B (2007-08)

Esercitazioni di Pep Guardiola: proposte per allenare velocità e rapidità con palla

7. Azioni combinate: esercitazione per velocità e rapidità abbinate a cambio di gioco, cross e conclusione

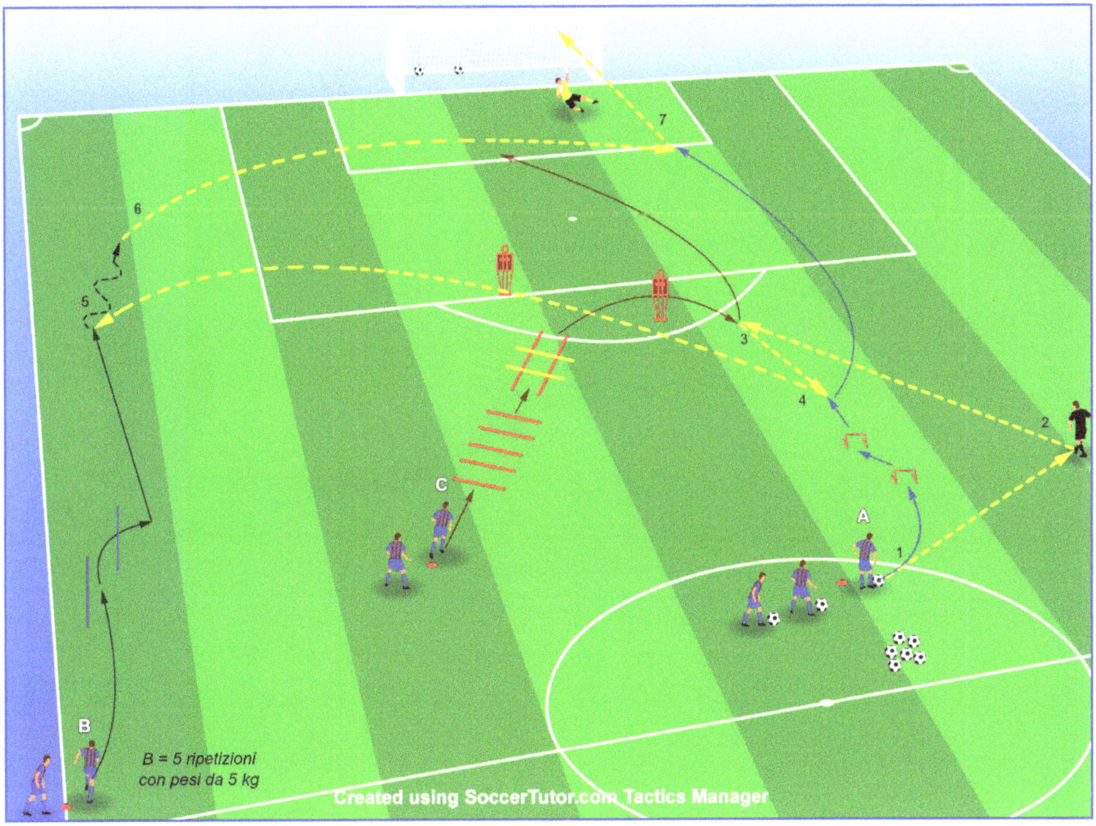

I giocatori svolgono 2 serie, 1 per lato del campo, da 3 ripetizioni ciascuna. Le distanze del circuito sono ridotte del 15%, nella seconda serie.

Descrizione

Il giocatore B svolge 5 ripetizioni di esercizi con palla medica da 5kg.

1. A trasmette verso l'assistente, si muove in avanti e salta entrambi gli ostacoli.
2. C esegue proposte per la velocità sui paletti a terra e aggira la sagoma per ricevere palla dall'assistente.
3. A riceve lo scarico da C.
4. B ha accelerato in avanti, tra i paletti, per ricevere la palla alta calciata da A, lungo la fascia.
5. B riceve e conduce in avanti.
6. B crossa in area di rigore.
7. A e C si inseriscono e cercano di concludere.
8. I giocatori ruotano le posizioni come segue: A -> B -> C -> A.

Fonte: sessioni di allenamento di Pep Guardiola al Barcellona B (2007-08)

Circuiti tecnici

Dalle sessioni di
allenamento di
Pep Guardiola

"Non basta correre, saltare, fare palestra, stretching, recuperare. È, invece, necessario che i principi dello stile di gioco siano sempre ben presenti nella mente, ogni volta che ci si prepara ad una sessione di allenamento. E, non meno spesso, i particolari che lui ti lascia. Queste sono le esercitazioni di Pep."

Lorenzo Buenaventura
Assistente e preparatore
atletico al Manchester City e,
in precedenza, lo al Bayern
Monaco, stato al Barcellona FC

Esercitazioni di Pep Guardiola: circuiti tecnici

1. Interval training a circuito abbinato a tecnica di base e rapidità

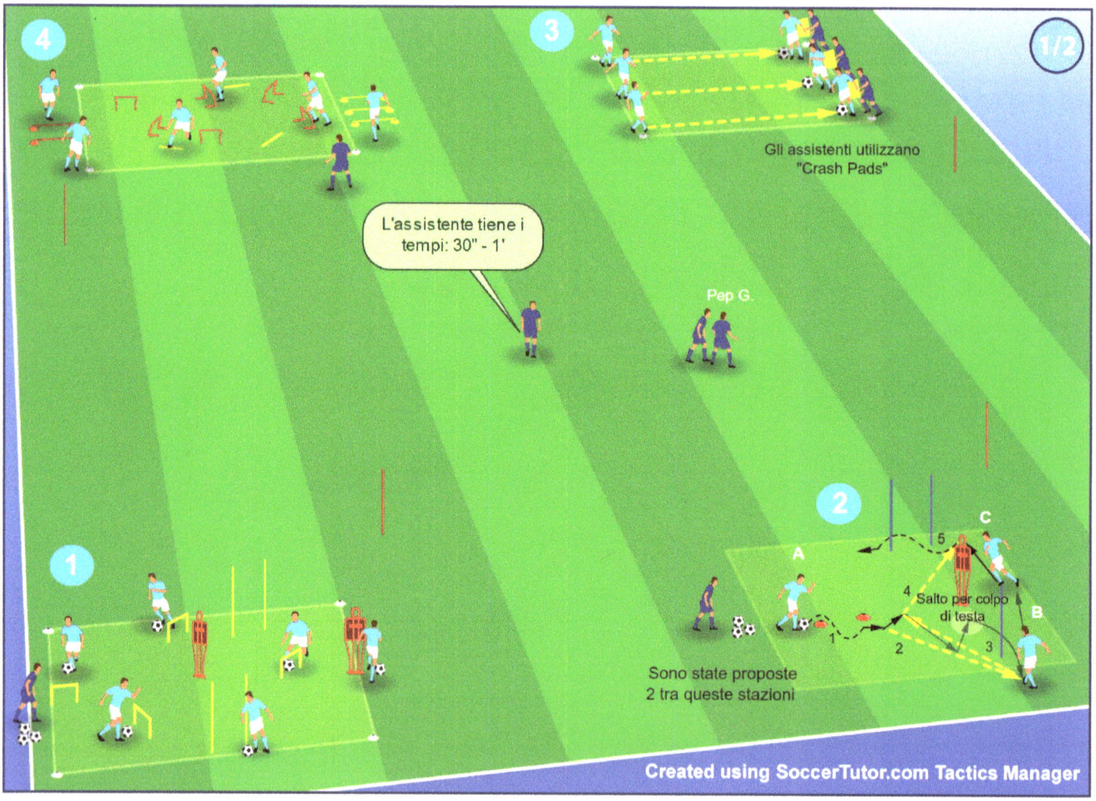

Stazione 1

- Conduzione palla all'interno dell'area di gioco, evitando gli ostacoli, facendo passare la palla al di sotto.

Stazione 2

- Il giocatore A conduce palla attraverso i coni, combina 1-2 con B e trasmette a C.
- A salta (come se colpisse di testa) all'altezza della sagoma, aggira il paletto per prendere la posizione precedente di B e riceve il passaggio successivo.
- C conduce attraverso i paletti.
- I giocatori ruotano le posizioni come segue: A -> B -> C -> A.

Stazione 3

- Ricezione e protezione palla contro un assistente, alle spalle, che tiene in mano un "sacco di resistenza".

Stazione 4

- Salto a piedi uniti sopra l'ostacolo, atterrando in equilibrio sopra un disco marcatore e skip veloce alternato sugli over, posizionati al di fuori dell'area principale.

Fonte: sessione di allenamento di Pep Guardiola al Man City - Etihad Campus Training Ground, Manchester - 11 Luglio 2017

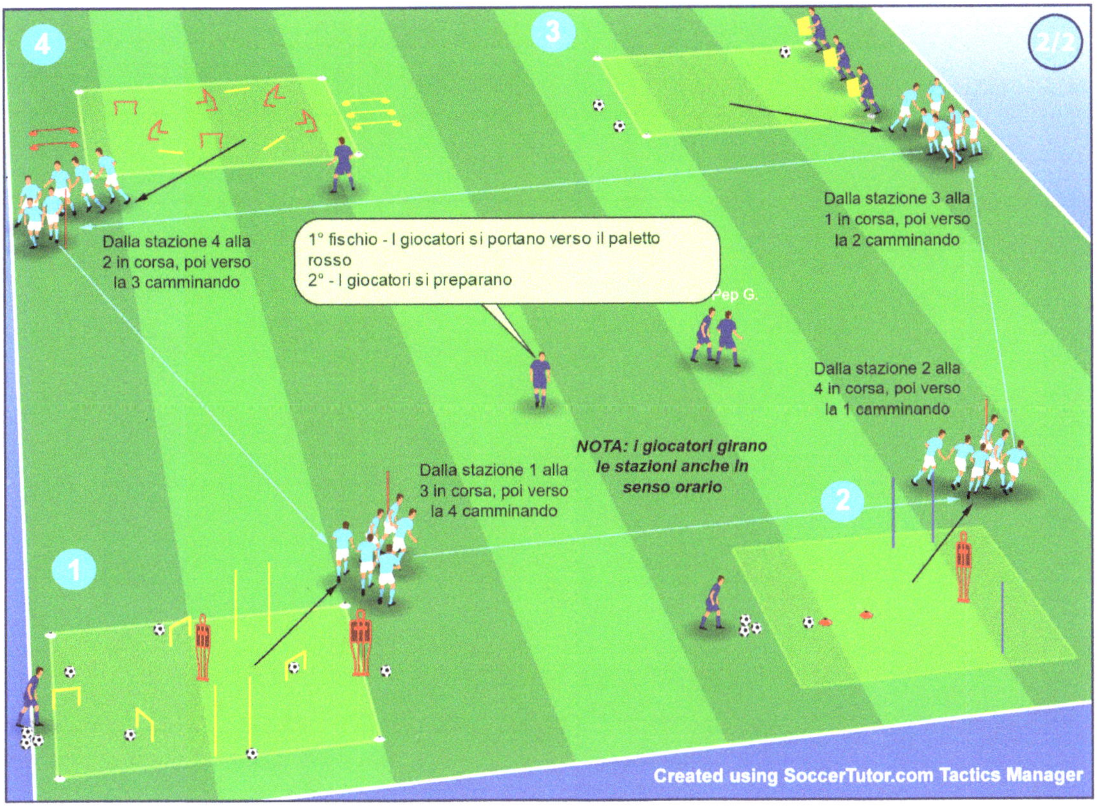

Esercitazioni di Pep Guardiola: circuiti tecnici

Nota: durante la fase di attivazione, i giocatori ruotano in senso orario e antiorario, tra le stazioni.

Descrizione 2/2

I giocatori attendono il fischio dell'allenatore, fermando le attività, all'interno delle stazioni.

Si portano verso i paletti rossi al primo fischio e si preparano a cambiare stazione al secondo.

Al terzo segnale, corrono all'85% della loro velocità massima.

- Dalla stazione 1 corrono verso la terza e camminano verso la quarta.
- Dalla stazione 2 corrono verso la quarta e camminano verso la prima.
- Dalla stazione 3 corrono verso la prima e camminano verso la seconda.
- Dalla stazione 4 corrono verso la seconda e camminano verso la terza.

Quando i giocatori raggiungono la loro stazione, eseguono le proposte indicate, fino al primo fischio successivo.

Fonte: sessione di allenamento di Pep Guardiola al Man City - Etihad Campus Training Ground, Manchester - 11 Luglio 2017

Esercitazioni di Pep Guardiola: circuiti tecnici

2. Circuito tecnico in velocità per trasmissione, conduzione e conclusione

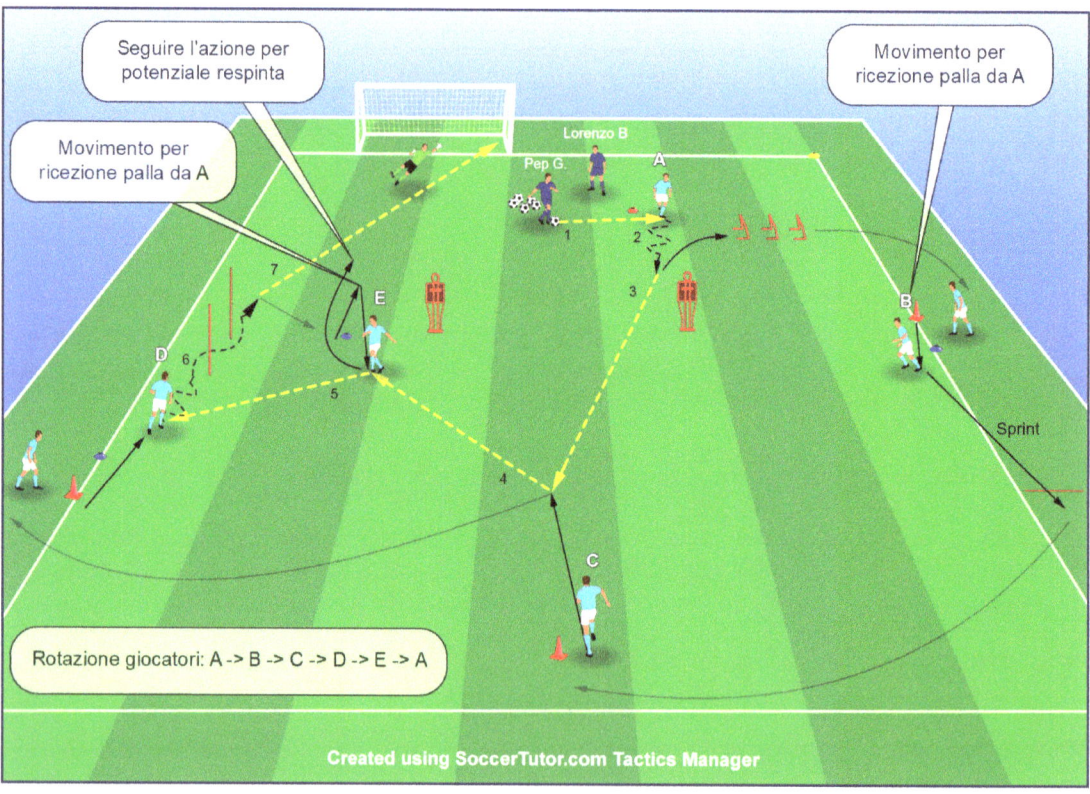

Descrizione

1. Il giocatore A riceve palla dall'allenatore (Pep Guardiola).

2. A conduce in avanti; B ed E si muovono entrambi, come se dovessero ricevere da A.

3. A trasmette a C e, successivamente, salta tra i 3 ostacoli. B accelera e supera il paletto a terra, allungando il passo.

4. C si muove in avanti, allontanandosi dal cono, riceve il passaggio di A e trasmette ad E.

5. E riceve, dopo essersi mosso incontro e trasmette a D.

6. D si muove in avanti, allontanandosi dal cono, riceve il passaggio di E e conduce palla tra i paletti.

7. D conclude in porta. E segue l'azione per calciare in porta dopo un'eventuale respinta.

8. I giocatori ruotano le posizioni come segue: A -> B -> C -> D -> E -> A.

Fonte: sessione di allenamento di Pep Guardiola al Man City - Etihad Campus Training Ground, Manchester

Esercitazioni di Pep Guardiola: Circuiti tecnici

3. Circuito tecnico in velocità per trasmissione, conduzione e conclusione (variante)

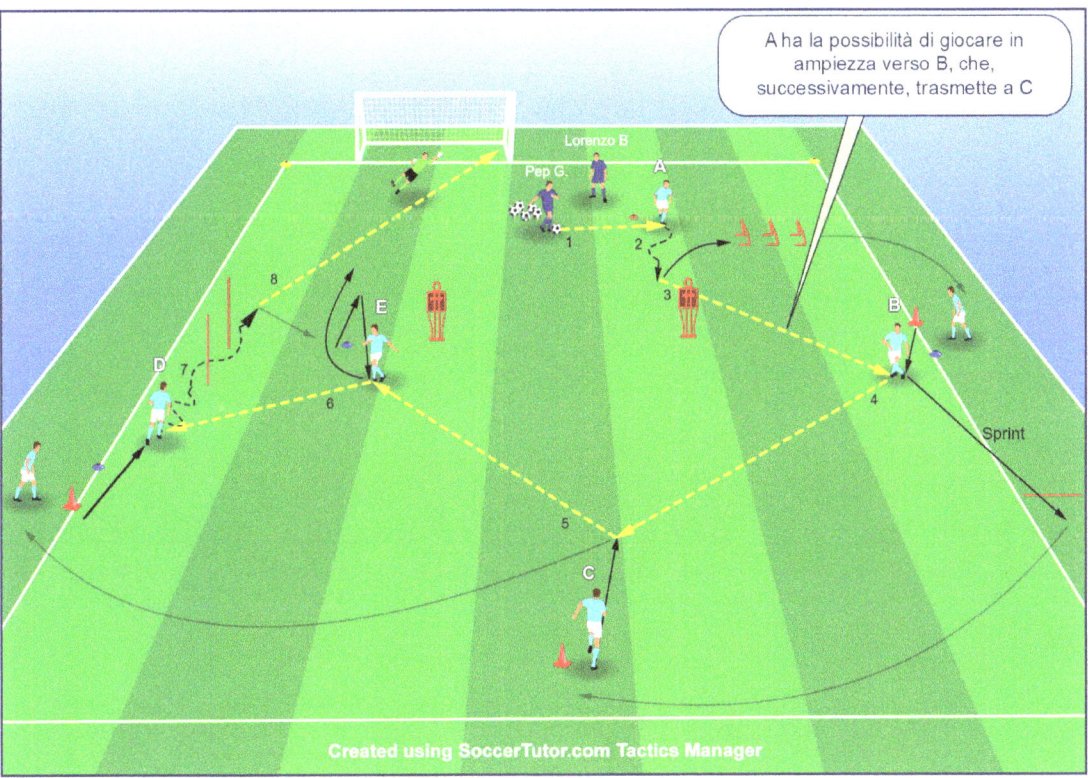

A ha la possibilità di giocare in ampiezza verso B, che, successivamente, trasmette a C

Descrizione

- In questa variante della proposta precedente, A trasmette palla a B e non più verso C.

- B, successivamente, gioca a C, che si muove in avanti, allontanandosi dal cono.

- Il resto della sequenza è la stessa della precedente.

- I giocatori ruotano le posizioni come segue: A -> B -> C -> D -> E -> A.

Fonte: sessione di allenamento di Pep Guardiola al Man City - Etihad Campus Training Ground, Manchester

Esercitazioni di Pep Guardiola: circuiti tecnici

4. Circuito tecnico/atletico per trasmissione palla e rapidità

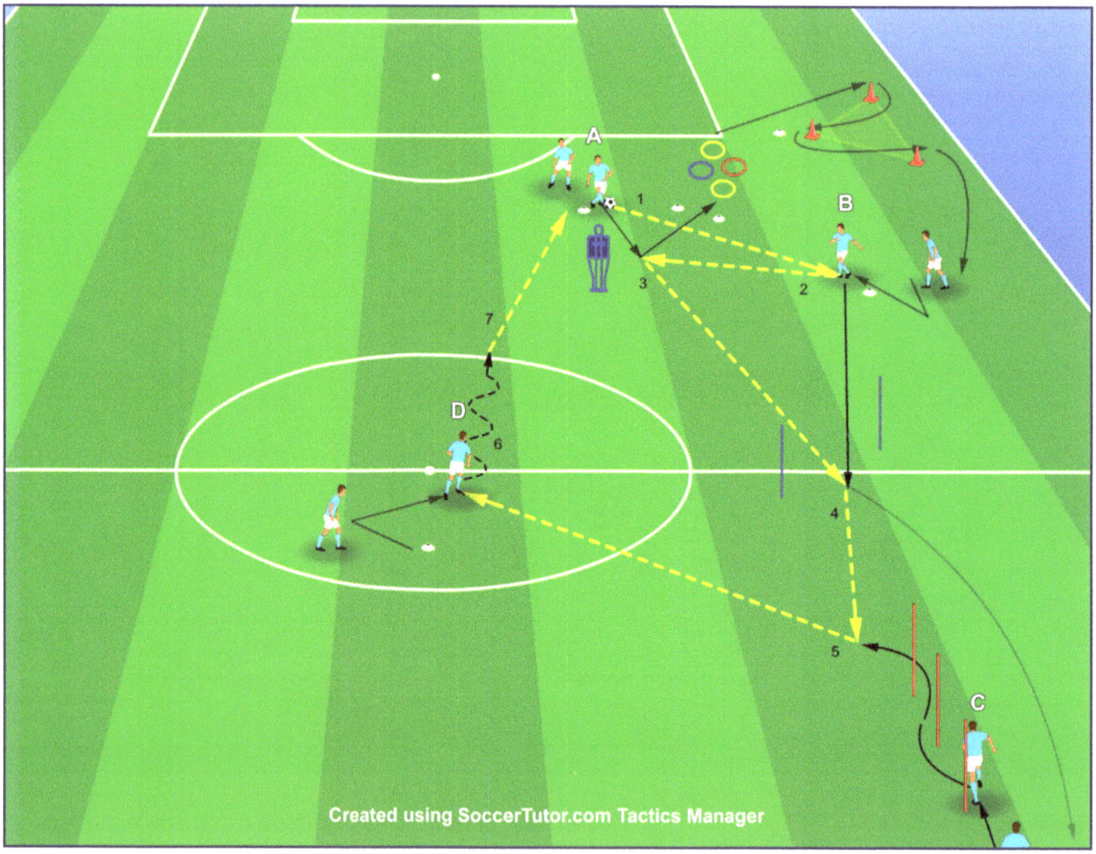

Descrizione

1. A trasmette verso B.
2. B gioca palla di ritorno ad A, completando una combinazione 1-2.
3. A trasmette nuovamente a B, che riceve sulla corsa, attraverso i paletti. A esegue lavori di rapidità sui cerchi e di velocità, in slalom, tra i coni.
4. B gioca a C, che riceve, muovendosi incontro, dopo uno slalom tra i paletti
5. C trasmette palla a B.
6. D si sposta dal cono, prima di muoversi per ricevere e condurre in avanti.
7. Il passaggio di D verso il compagno in attesa completa la sequenza.
8. I giocatori ruotano le posizioni come segue: A -> B -> C -> D -> A.

Fonte: sessione di allenamento di Pep Guardiola al Man City - Etihad Campus Training Ground, Manchester - Pre-campionato 2016

Esercitazioni di Pep Guardiola: circuiti tecnici

5. Circuito tecnico per allenare la velocità abbinata a conduzione palla e conclusione rapide

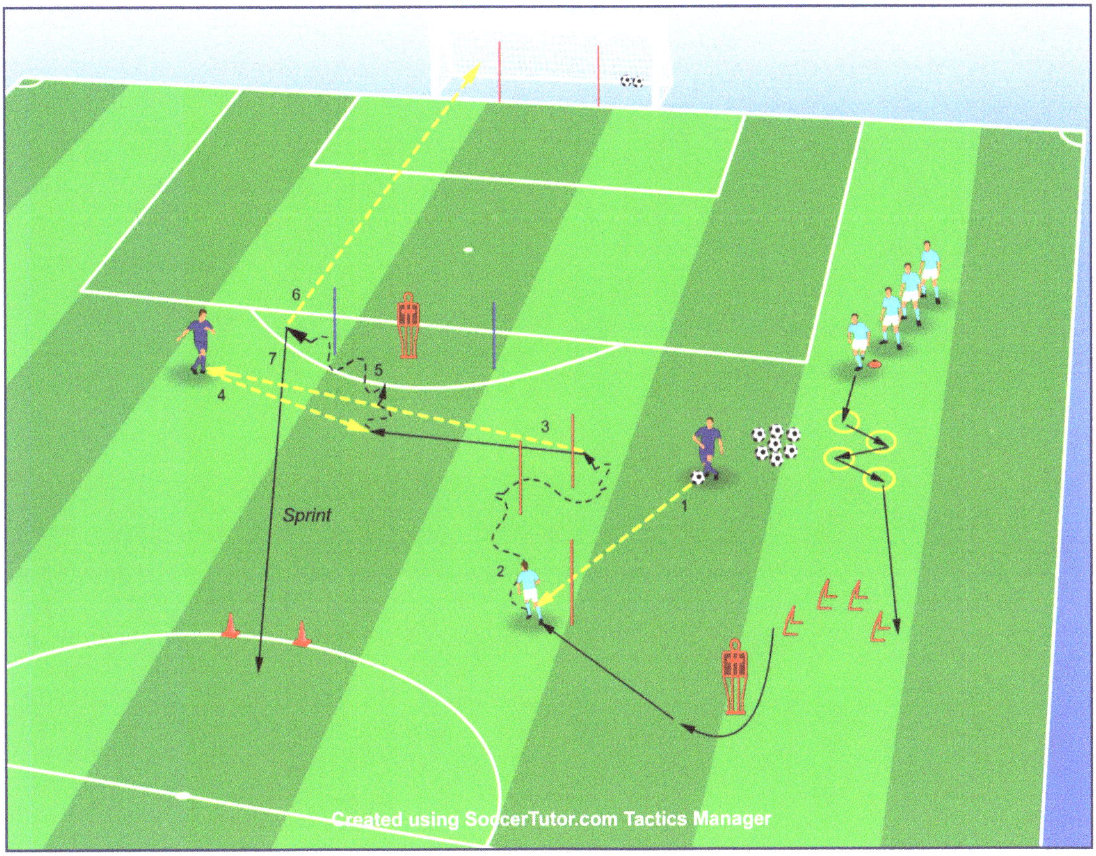

Descrizione

1. Eseguire le proposte di rapidità attraverso i cerchi.
2. Saltare i 4 ostacoli.
3. Muoversi in arretramento, alle spalle della sagoma.
4. Corsa in avanti per ricevere il passaggio dell'allenatore (1).
5. Condurre palla intorno e attraverso i paletti, come mostrato (2).
6. Trasmettere verso il secondo allenatore (3).
7. Ricevere il passaggio di ritorno (4).
8. Fintare contro la sagoma e condurre palla verso sinistra o destra, oltrepassando i paletti (5), simulando un duello contro un avversario.
9. Concludere in porta angolando il tiro (oppure utilizzare porticine).
10. Sprint attraverso i coni (7).

Fonte: sessione di allenamento di Pep Guardiola al Man City - Etihad Campus Training Ground, Manchester - Pre-campionato 2016

Esercitazioni di Pep Guardiola: circuiti tecnici

6. Esercitazione, a 3 giocatori, per velocità e rapidità abbinate all'allenamento della fase difensiva (pressione e copertura)

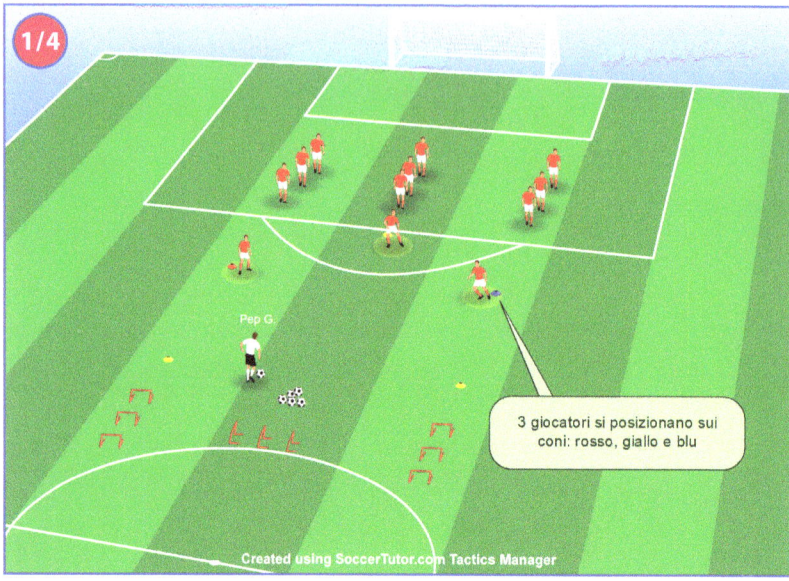

I giocatori sono divisi a gruppi di 3.

L'allenatore (Pep G) è in possesso palla al centro e 3 giocatori sono in attesa sui coni (rosso, giallo e blu).

Alcuni ostacoli sono posizionati come mostrato in figura.

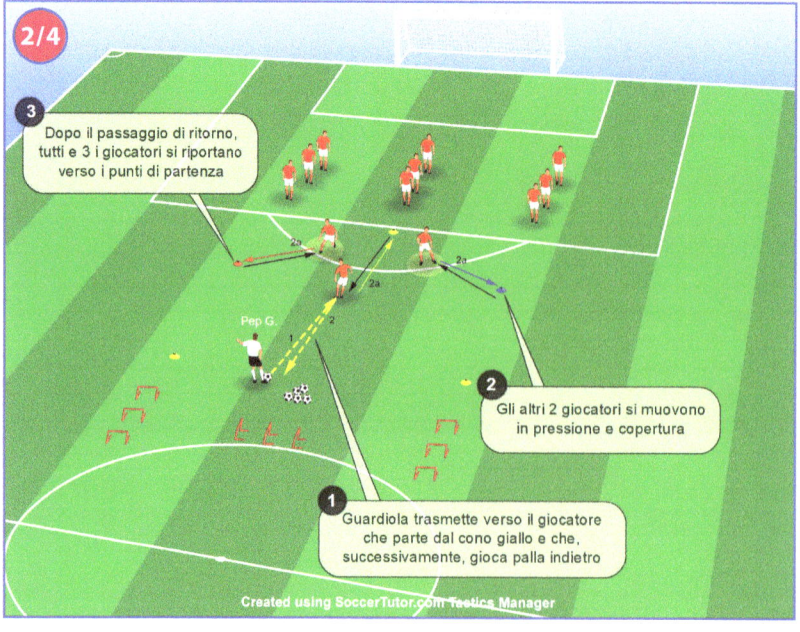

1. Guardiola trasmette verso il giocatore che parte dal cono giallo, muovendosi in avanti e che, successivamente, gioca palla di ritorno di prima intenzione.

2. Appena Guardiola trasmette palla, i 2 giocatori sui coni rosso e blu, si muovono internamente, in pressione e copertura.

3. Dopo il passaggio di ritorno, tutti e 3 i giocatori si riportano verso i coni di partenza.

Fonte: sessione di allenamento di Pep Guardiola al Bayern Monaco - Allianz Arena, Monaco - 27 Giugno 2013

Esercitazioni di Pep Guardiola: circuiti tecnici

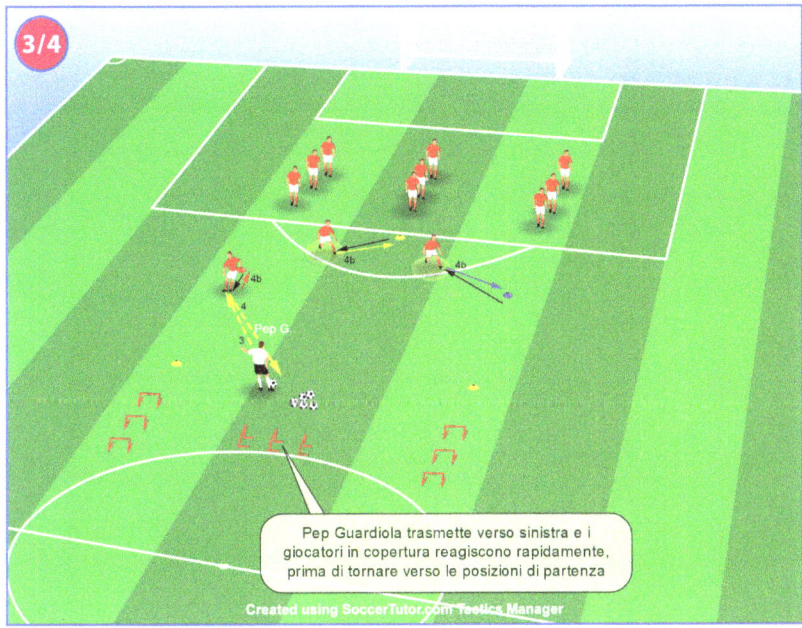

1. Guardiola trasmette verso il giocatore che parte dal cono rosso, muovendosi rapidamente in avanti, sulla sinistra e che, successivamente, gioca palla di ritorno di prima intenzione.

2. Appena Guardiola trasmette palla, i 2 giocatori sui coni giallo e blu scivolano in pressione e copertura.

3. Dopo il passaggio di ritorno, tutti i 3 giocatori si riportano verso i coni di partenza.

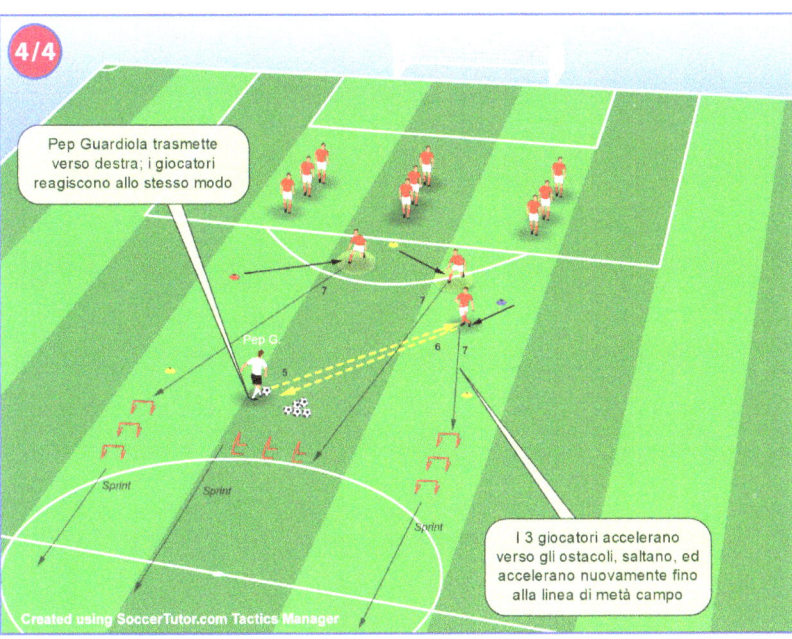

1. Guardiola trasmette verso il giocatore che parte dal cono blu, muovendosi rapidamente in avanti, sulla destra, e che, successivamente, gioca palla di ritorno di prima intenzione.

2. Appena Guardiola trasmette palla, i 2 giocatori sui coni giallo e rosso scivolano in pressione e copertura.

3. Dopo il passaggio di ritorno, tutti i 3 giocatori accelerano verso gli ostacoli, saltano sopra di essi e sprintano verso la linea di metà campo.

Fonte: sessione di allenamento di al Bayern Monaco - Allianz Arena, Monaco - 27 Giugno 2013

Esercitazioni di Pep Guardiola: circuiti tecnici

7. Circuito per allenare velocità, combinazioni 1-2, conduzione e conclusione

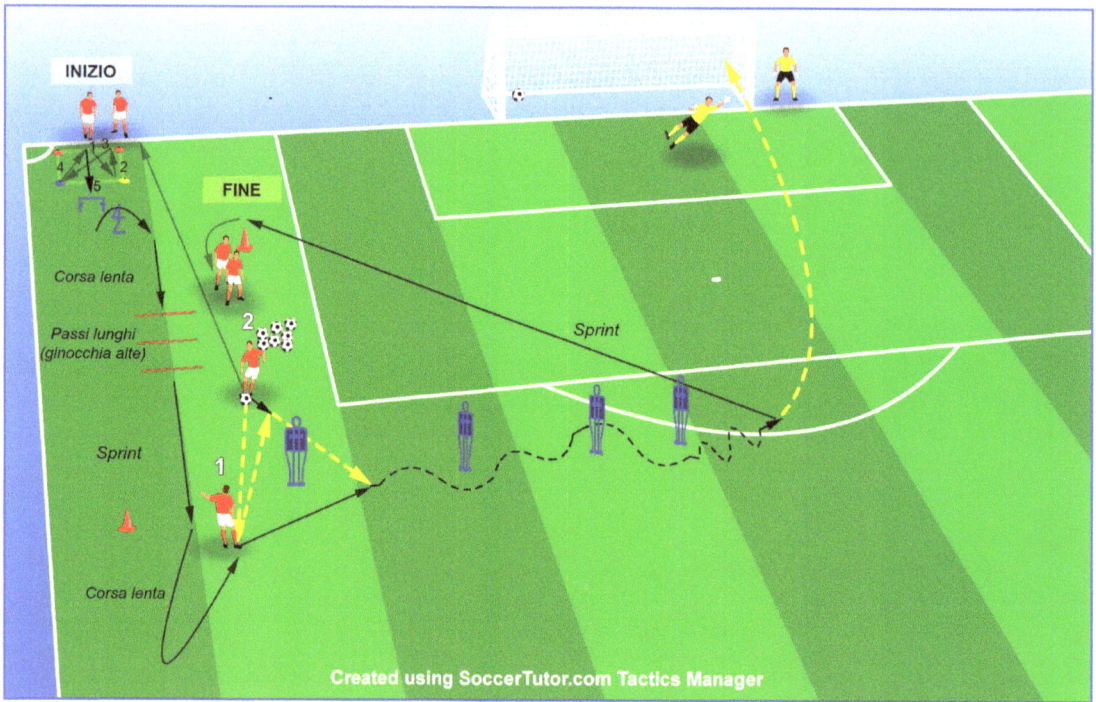

Descrizione

1. Il giocatore 1 accelera verso il cono giallo, torna verso il punto di partenza, si porta verso quello blu, torna di nuovo al punto di partenza ed, infine, esce dal quadrato.

2. Salta il primo ostacolo in avanti e lateralmente il secondo.

3. Corre in avanti.

4. Allunga il passo, a ginocchia alte, passando attraverso i paletti a terra.

5. Accelera verso il cono, si allontana da esso e torna indietro, curvando il proprio movimento (come mostrato in figura).

6. Il giocatore 2 trasmette palla verso il primo.

7. Il giocatore 1 combina 1-2 con il secondo e riceve il passaggio di ritorno al di là della sagoma.

8. 1 conduce palla in slalom tra le sagome e conclude in porta.

9. Infine, accelera fino al punto conclusivo della sequenza.

Fonte: sessione di allenamento di Pep Guardiola al Bayern Monaco - Säbener Strasse Trainingsgelände, Monaco

Esercitazioni di Pep Guardiola: circuiti tecnici

8. Circuito per allenare la velocità abbinata a rapidità, combinazioni 1-2 e conclusione da fuori area

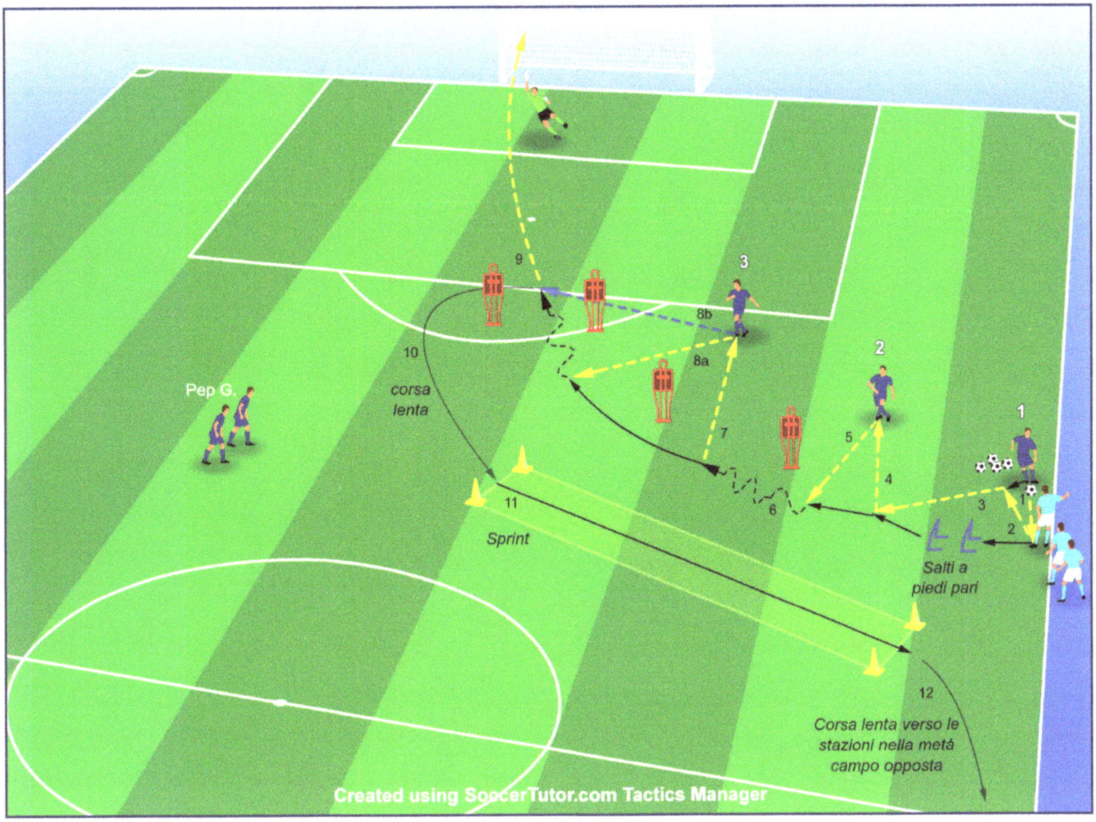

Metà dei giocatori del Manchester City prende parte a questo circuito tecnico e, una volta completato, si porta verso la parte opposta del campo (esercitazione presentata nella pagina successiva).

Descrizione

- Il primo assistente trasmette verso il giocatore.
- Il portatore di palla gioca palla di ritorno e salta i 2 ostacoli a piedi uniti.
- Riceve nuovamente (combinazione 1-2).
- Trasmette al secondo assistente.
- Riceve il passaggio di ritorno (1-2).
- Conduce internamente.
- Trasmette al terzo assistente.
- Riceve il passaggio di ritorno (combinazione 1-2) nei 2 spazi tra i 3 manichini (8a o 8b).
- Conduce palla in avanti e conclude da fuori area di rigore.
- Torna in corsa lenta.
- Accelera lungo il percorso formato dai coni gialli.
- Si porta, in corsa lenta, verso la parte opposta del campo, per eseguire la proposta presentata nella pagina seguente.

Fonte: sessione di allenamento di Pep Guardiola al Man City - Etihad Campus Training Ground, Manchester - 17 Ottobre 2018

Esercitazioni di Pep Guardiola: circuiti tecnici

9. Circuito per allenare la velocità abbinata a rapidità, ricezione, conduzione, combinazione 1-2 e conclusione da fuori area

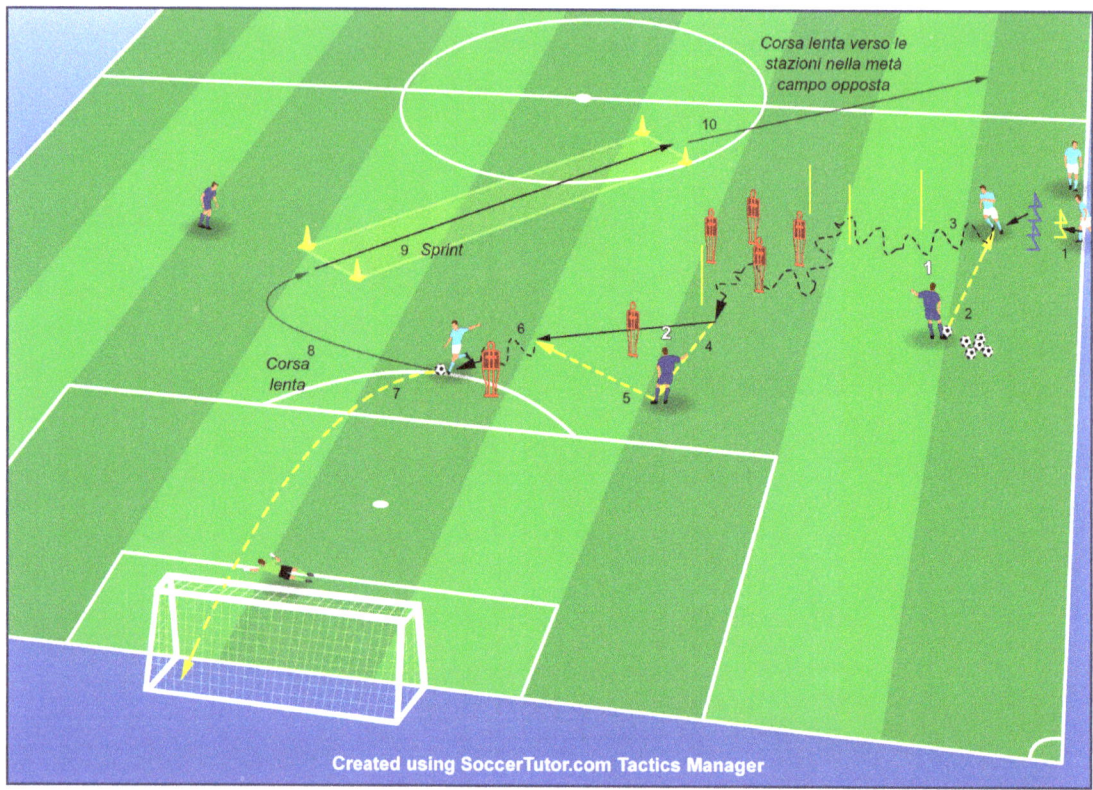

Metà dei giocatori del Manchester City prende parte a questo circuito tecnico e, una volta completato, si porta verso la parte opposta del campo (esercitazione presentata nella pagina successiva).

Descrizione

1. Il giocatore salta l'ostacolo giallo e, successivamente, uno tra i 2 blu.
2. Riceve palla dal primo assistente.
3. Conduce prima attraverso i paletti gialli e, successivamente, tra le sagome rosse.
4. Trasmette al secondo assistente.
5. Si muove verso l'interno e riceve palla di ritorno (combinazione 1-2).
6. Conduce oltrepassando la sagoma.
7. Conclude da fuori area di rigore.
8. Si porta, in corsa lenta, verso il percorso formato dai coni gialli.
9. Accelera attraversandolo.
10. Si porta, in corsa lenta, verso la parte opposta del campo, per eseguire la proposta presentata nella pagina precedente.

Fonte: sessione di allenamento di Pep Guardiola al Man City - Etihad Campus Training Ground, Manchester - 17 Ottobre 2018

Esercitazioni di Pep Guardiola: circuiti tecnici

10. Circuito tecnico complesso per trasmissione, conduzione e conclusione

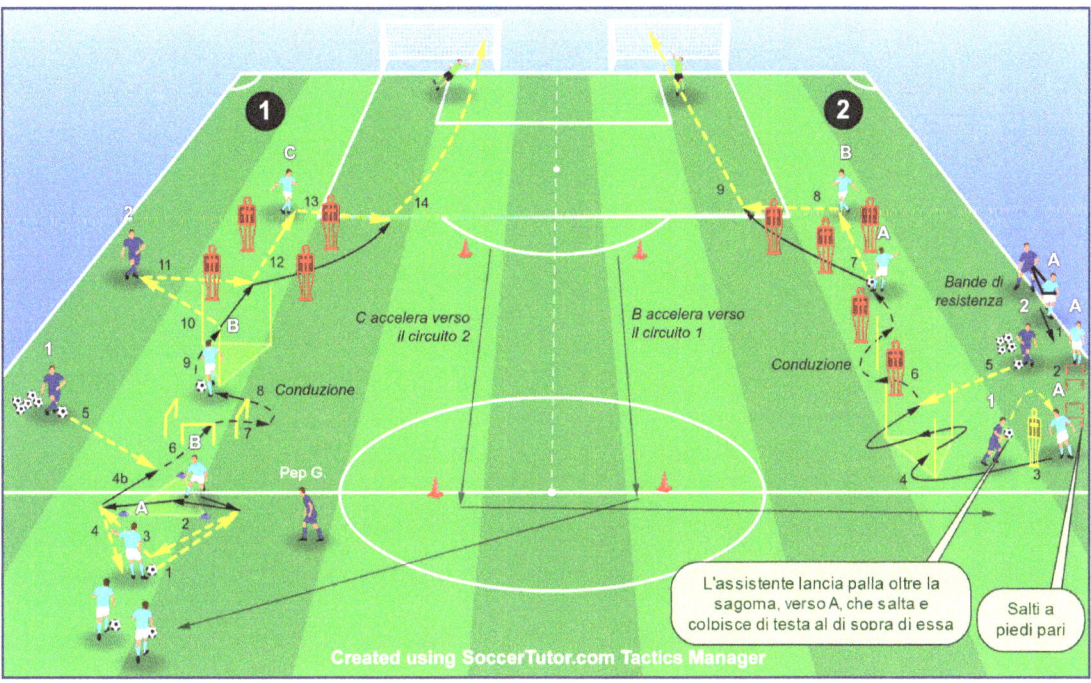

Circuito 1

- Il giocatore A gioca in combinazione 1-2 con B, che si muove lateralmente, al di fuori del triangolo formato dai coni, per ricevere.
- La stessa sequenza viene ripetuta lungo il lato opposto.
- B si porta in avanti per ricevere dal primo assistente e conduce, facendo passare la palla sotto il primo ostacolo e poi sotto il secondo a destra o sinistra.
- Conduce attraverso i paletti gialli.
- Combina 1-2 con il secondo assistente, ricevendo il passaggio di ritorno alle spalle delle prime 2 sagome.
- Combina 1-2, nuovamente, con C, ricevendo il passaggio di ritorno al di là delle altre 2 sagome.

C accelera verso il circuito 2.

Circuito 2

- Il giocatore salta gli ostacoli rossi a piedi uniti.
- Colpisce di testa la palla lanciata dal primo assistente, oltre la sagoma.
- Corre tra i paletti gialli, in slalom.
- Riceve palla dal secondo assistente e conduce attraverso le sagome.
- Combina 1-2 con B, ricevendo il passaggio di ritorno al di là delle altre 3 sagome e conclude in porta.
- B accelera verso il circuito 1. A si porta verso la posizione di B.

Fonte: sessione di allenamento di Pep Guardiola al Man City - Etihad Campus Training Ground, Manchester - 31 Luglio 2018

Esercitazioni di Pep Guardiola: circuiti tecnici

11. Doppio circuito tecnico per allenare velocità e cambi di direzione con e senza palla (1)

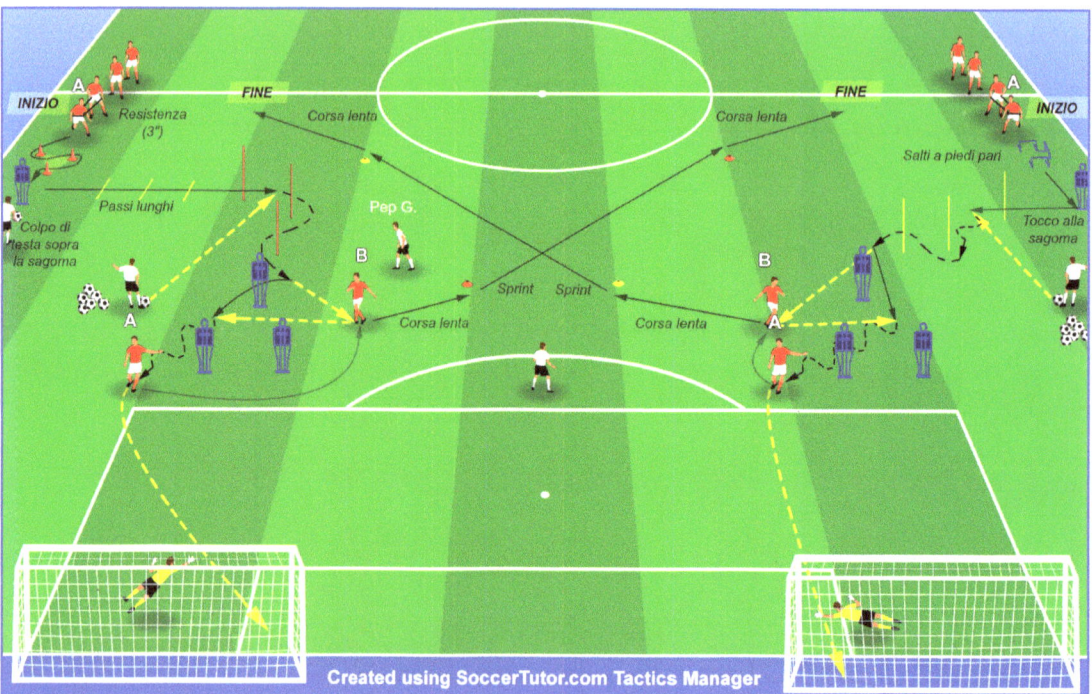

Descrizione (parte sinistra)

1. Il giocatore accelera per 3", trattenuto da un compagno con una banda elastica di resistenza attorno alla vita.
2. Corre intorno ai 3 coni, come mostrato.
3. Colpisce di testa la palla lanciata dall'assistente, oltre la sagoma.
4. Allunga il passo, in corsa, tra i paletti a terra.
5. Riceve dall'allenatore e conduce attraverso i paletti.
6. Combina 1-2 con B.
7. Conduce palla, oltrepassando una delle 2 sagome e conclude in porta.
8. B si muove in corsa lenta, accelera e, infine, si porta verso la parte opposta, nuovamente in corsa lenta. A si porta verso la posizione di B.

Descrizione (parte destra)

1. Il giocatore salta gli ostacoli a piedi uniti.
2. Tocca la sagoma e si muove per ricevere.
3. Controlla il passaggio dell'allenatore e conduce attraverso i paletti.
4. Combina 1-2 con B.
5. Conduce palla, oltrepassando una delle 2 sagome e conclude in porta.
6. B si muove in corsa lenta, accelera e, infine, si porta verso la parte opposta, nuovamente in corsa lenta. A si porta.

Fonte: sessione di allenamento di Pep Guardiola al Bayern Monaco - Säbener Strasse Trainingsgelände, Monaco - 2 Dicembre 2014

Esercitazioni di Pep Guardiola: circuiti tecnici

12. Doppio circuito tecnico per allenare velocità e cambi di direzione con e senza palla (2)

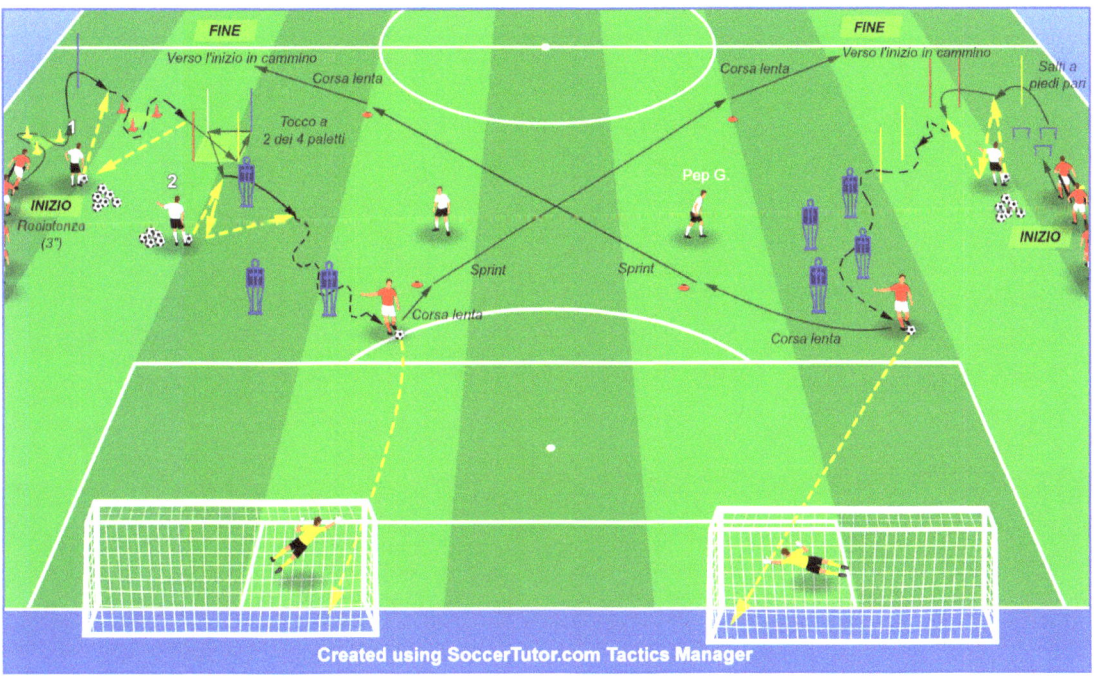

Descrizione (parte sinistra)

1. Il giocatore accelera per 3", trattenuto da un compagno con una banda elastica di resistenza attorno alla vita.
2. Corre intorno ai 3 coni e, successivamente, intorno al paletto, per ricevere palla dal primo assistente.
3. Conduce intorno ai 3 coni e, successivamente, trasmette palla verso il primo assistente.
4. Effettua rapidi cambi di direzione, toccando 2 dei 4 paletti, e si muove per ricevere palla dal secondo assistente.
5. Combina 1-2 con il secondo assistente, ricevendo il passaggio di ritorno dalla parte opposta della sagoma.
6. Conduce palla in avanti, oltrepassando una delle sagome e conclude da fuori area di rigore.
7. Il giocatore, infine, si muove in corsa lenta, accelera e, infine, si porta verso la parte opposta, nuovamente in corsa lenta.

Descrizione (parte destra)

1. Il giocatore accelera per 3", trattenuto da un compagno con una banda elastica di resistenza attorno alla vita.
2. Salta 3 ostacoli a piedi uniti.
3. Si muove intorno al paletto per ricevere palla dall'assistente.
4. Combina 1-2 con l'assistente stesso, ricevendo il passaggio di ritorno al di là dei paletti.
5. Conduce palla in slalom tra i paletti e le sagome e conclude in porta.
6. Il giocatore si muove in corsa lenta, accelera e, infine, si porta verso la parte opposta, nuovamente in corsa lenta.

Fonte: sessione di allenamento di Pep Guardiola al Bayern Monaco - Säbener Strasse Trainingsgelände, Monaco - 22 Marzo 2016

Esercitazioni di Pep Guardiola: circuiti tecnici

13. 2 circuiti tecnici complessi per allenare velocità e rapidità abbinate a conclusioni in entrambe le direzioni

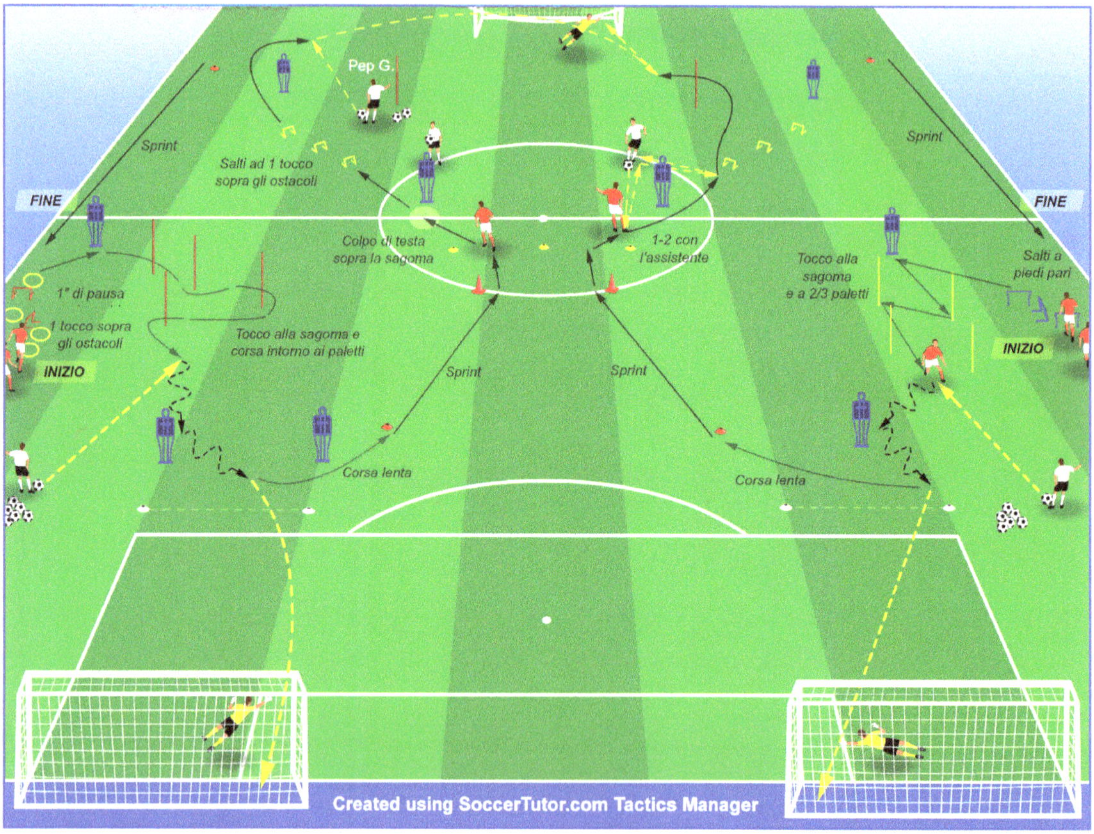

Descrizione (parte sinistra)

1. Il giocatore resta 1" all'interno del cerchio e salta gli ostacoli con 1 tocco a terra.
2. Tocca la sagoma e si muove intorno ai paletti.
3. Riceve palla dall'assistente, conduce oltrepassando la sagoma e conclude in porta.
4. Corre attorno alla sagoma e accelera verso il cono.
5. Colpisce di testa la palla lanciata dall'assistente.
6. Salta i 3 ostacoli con 1 tocco a terra e si muove intorno alla sagoma per ricevere il passaggio dell'assistente.
7. Crossa per il compagno sulla parte opposta.

Descrizione (parte destra)

1. Salta 3 ostacoli a piedi uniti.
2. Tocca la sagoma e 2 dei 3 paletti.
3. Riceve palla dall'assistente, conduce oltrepassando la sagoma e conclude in porta.
4. Corre attorno alla sagoma e accelera verso il cono.
5. Combina 1-2 con l'assistente e si muove intorno alla sagoma.
6. 1-2 con l'assistente e si muove intorno al paletto.
7. Il giocatore cerca la conclusione, ricevendo il cross del compagno.

Fonte: sessione di allenamento di Pep Guardiola al Bayern Monaco - Säbener Strasse Trainingsgelände, Monaco

Esercitazioni di Pep Guardiola: circuiti tecnici

14. Doppio circuito tecnico per trasmissione palla a corta distanza, ricezione, conduzione e conclusione

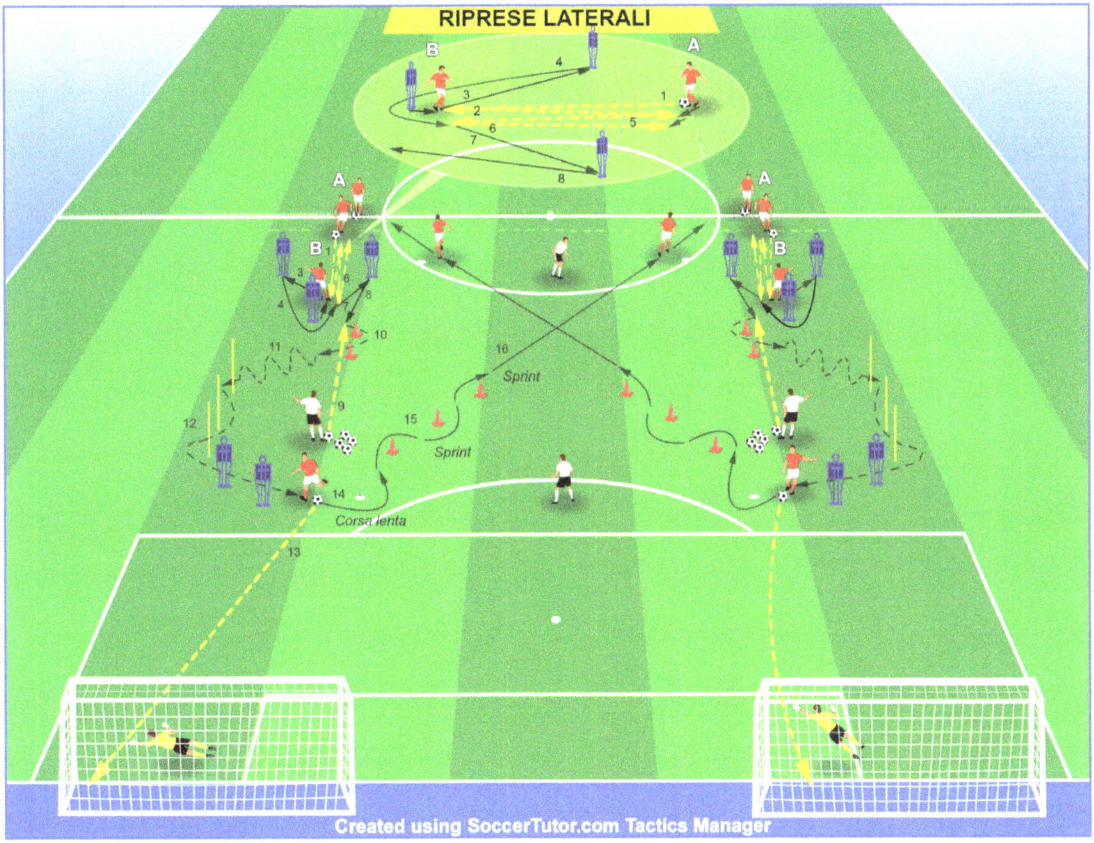

Il circuito, eseguito a specchio, è lo stesso, sia sulla sinistra, sia sulla destra.

Descrizione

1-2. Il giocatore A combina 1-2 con B.

3-4. B si muove per toccare la sagoma e, successivamente, aggira alla seconda.

5-6. A combina 1-2 con B.

7-8. B si muove per toccare la terza sagoma e, successivamente, si porta in avanti.

9-11. B riceve palla dall'assistente, conduce attraverso i coni e, successivamente, verso i paletti.

12-13. Conduce in slalom tra i paletti, poi al di là delle sagome e conclude in porta.

14-16. B si torna in corsa lenta, accelera tra i coni e fino al punto di partenza del circuito opposto.

Fonte: sessione di allenamento di Pep Guardiola al Bayern Monaco - Säbener Strasse Trainingsgelände, Monaco

Esercitazioni di Pep Guardiola: circuiti tecnici

15. Circuiti combinati per allenare velocità e rapidità abbinate a trasmissioni palla filtranti e conclusioni

All'inizio della sequenza, il giocatore A (in maglia rossa) resta in appoggio 1" su ognuno dei 4 cerchi. B (in maglia gialla) resta in appoggio 1" sui ognuno dei 2 cerchi e salta 2 dei 3 ostacoli a piedi uniti. Entrambi i giocatori si portano in corrispondenza dei paletti.

Descrizione

1. L'assistente trasmette palla verso il giocatore A (rosso).
2. A gioca a B (giallo).
3. B effettua il passaggio di ritorno ad A, completando una combinazione 1-2 e, successivamente, si muove attraverso i paletti gialli.
4. A trasmette verso l'assistente.
5. Si muove attraverso i paletti blu e riceve il passaggio di ritorno dall'assistente, completando la seconda combinazione 1-2. B salta 2 ostacoli.
6. A gioca palla lunga, in diagonale, rasoterra oppure alta, verso B, che accelera per ricevere. Anche A accelera in avanti.
7. B riceve e si porta all'interno dell'area di rigore.
8. Il giocatore in possesso cerca la conclusione in porta.
9. Entrambi i giocatori accelerano verso il lato opposto.

Fonte: sessione di allenamento di Pep Guardiola al Bayern Monaco, Doha, Qatar - 10 Gennaio 2014

Esercitazioni di Pep Guardiola: circuiti tecnici

16. Circuiti per allenare velocità e rapidità abbinate a trasmissioni palla di prima intenzione e conclusioni

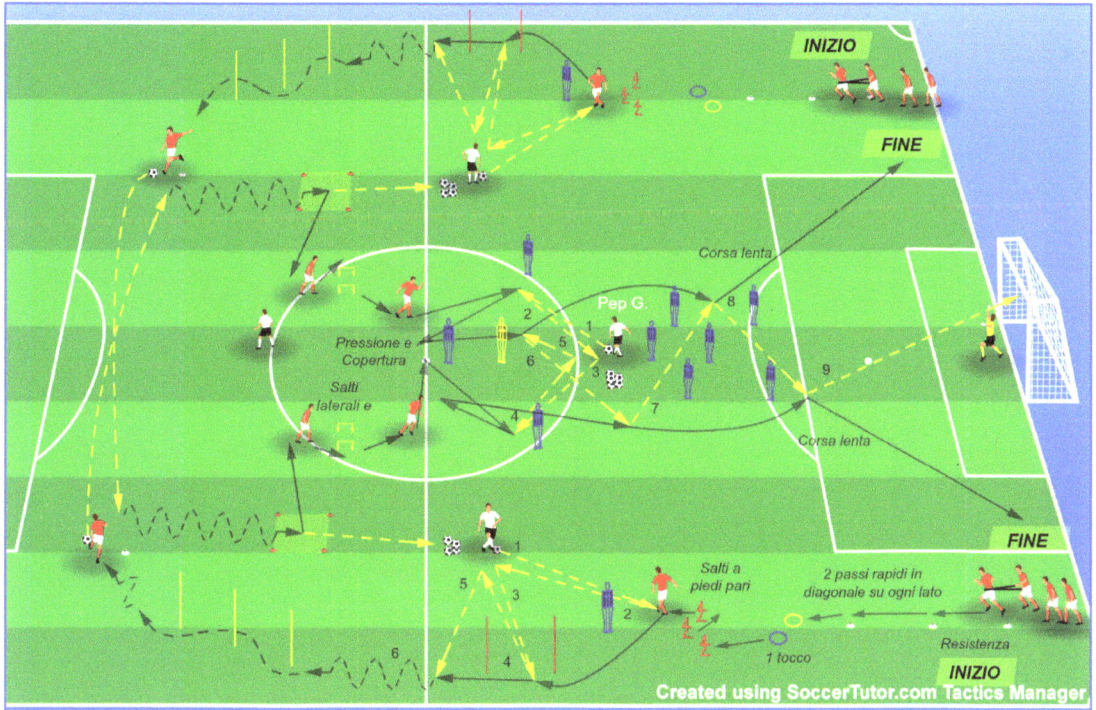

I 2 circuiti, lungo le fasce laterali, sono identici. Le sequenze iniziano con lavori di velocità e rapidità, come mostrato.

Circuiti in ampiezza

- L'assistente trasmette palla al giocatore, che completa una combinazione 1-2 e si muove intorno alla sagoma.
- L'assistente trasmette nuovamente al giocatore posizionato tra i paletti, che completa una seconda combinazione 1-2 e oltrepassa il secondo paletto.
- L'assistente trasmette nuovamente al giocatore, che conduce attraverso i paletti e passa palla al compagno sul lato opposto.
- Il ricevente conduce in area di rigore e trasmette all'assistente.

Circuiti a centrocampo

- Entrambi i giocatori saltano gli ostacoli lateralmente, con rapidi tocchi a terra, avanti e indietro e, successivamente, si muovono in avanti.
- I giocatori, ora, lavorano su pressione e copertura; quando l'assistente trasmette verso la sagoma, uno di loro si muove per ricevere e giocare palla di ritorno, l'altro scivola per dare copertura.
- Una combinazione 1-2 viene effettuata tra le sagome, per permettere ad uno dei giocatori di ricevere in profondità e di concludere.
- Entrambi si portano, in corsa lenta, verso i punti iniziali dei circuiti in ampiezza.

Fonte: sessione di allenamento di Pep Guardiola al Bayern Monaco, Doha, Qatar - 7 Gennaio 2014

Esercitazioni di Pep Guardiola: circuiti tecnici

17. 3 circuiti tecnici per allenare velocità, coordinazione e rapidità con palla

Circuito A

1. Il giocatore effettua accelerazioni con bande elastiche di resistenza attorno alla vita.
2. Salta tutti i 4 ostacoli, in avanti e lateralmente, a piedi uniti.
3. Tocca il paletto rosso sulla sinistra, successivamente quello sulla destra e si muove intorno al blu.
4. Combina 1-2 con l'assistente, muovendosi intorno alla sagoma.
5. Conduce palla tra le 3 sagome e conclude in porta.
6. Infine, alterna corsa lenta, accelerazione e, ancora, corsa lenta, per passare al circuito B.

Circuito B

1. Il giocatore salta lateralmente gli ostacoli, atterrando, con un piede all'interno dei cerchi e salta nuovamente, in corrispondenza della sagoma.
2. Riceve palla dall'assistente e conduce tra i paletti, come mostrato.
3. Combina 1-2 con Pep Guardiola, conduce oltre la sagoma e conclude.
4. Infine, alterna corsa lenta, accelerazione e, di nuovo, corsa lenta, per portarsi verso il circuito C.

Circuito C

1. Il giocatore salta tra i cerchi, con un tocco a terra e si muove in slalom tra i paletti.
2. Allunga il passo, a ginocchia alte, tra i paletti a terra.
3. Combina 1-2 con l'assistente, conduce in slalom tra le sagome e conclude.
4. Infine, alterna corsa lenta, accelerazione e, di nuovo, corsa lenta, per portarsi verso il circuito A.

Fonte: sessione di allenamento di Pep Guardiola al Bayern Monaco, Doha, Qatar - 7 Gennaio 2014

Esercitazioni di Pep Guardiola: circuiti tecnici

18. Circuito ad alta intensità per allenare velocità, forza e rapidità abbinate a duello 3 c 2

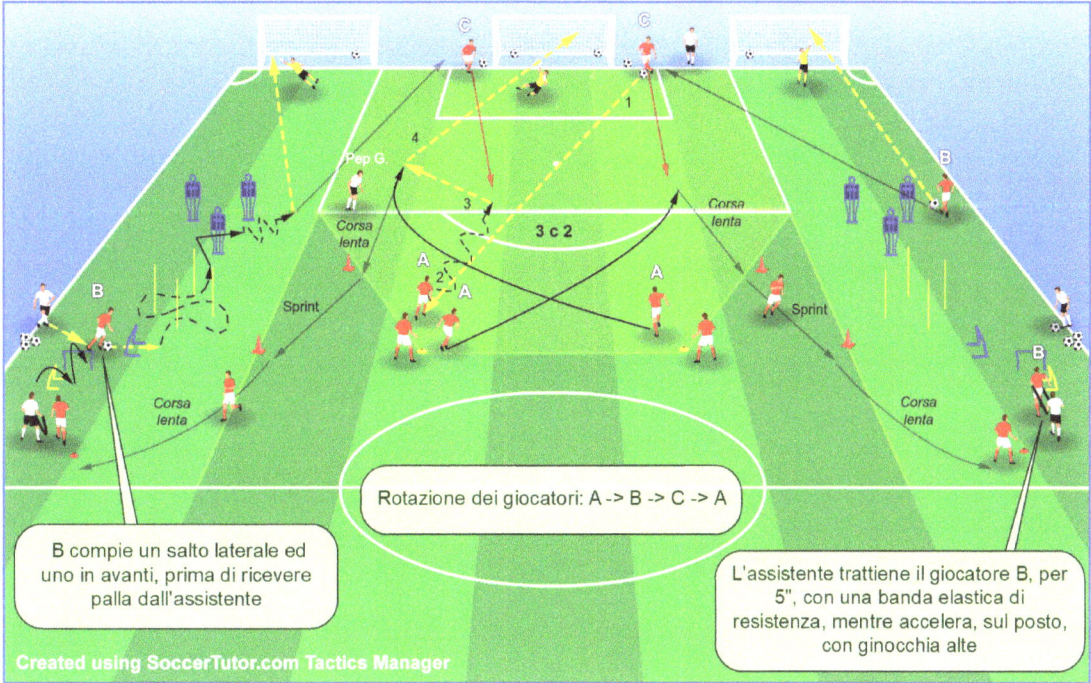

Una porta regolare, difesa dal portiere, viene posizionata sulla linea di fondo di ognuna delle 3 zone; quelle laterali sono organizzate in modo uguale.

Zone di campo in ampiezza

1. Il giocatore B accelera sul posto, a ginocchia alte, trattenuto dall'assistente con una banda elastica di resistenza intorno alla vita.
2. Salta il primo ostacolo lateralmente ed il secondo in avanti.
3. Riceve dall'allenatore e sposta palla, facendola passare sotto l'ostacolo, conduce attraverso i paletti e in accelerazione verso le sagome.
4. Esegue una finta, come se fosse coinvolto in un duello 1 c 1 contro un difensore, creandosi lo spazio per concludere.

5. Infine si muove verso la posizione di C, per agire come difensore nella zona del circuito centrale.

Zone centrali del campo

1. La squadra denominata "C" gioca palla verso quella identificata come "A" e si muove in avanti, per difendere in una situazione di gioco 3 c 2.
2. La squadra A attacca e cerca di concludere, attraverso sovrapposizioni interne ed esterne.
3. I gruppi cambiano posizione come segue: A si porta in ampiezza, al posto di B, mentre C diventa la squadra attaccante, al posto di A.

Fonte: sessione di allenamento di Pep Guardiola al Bayern Monaco, Doha, Qatar - 8 Gennaio 2016

Esercitazioni per trasmissione palla del Manchester City

Dalle sessioni di allenamento di Pep Guardiola al Manchester City

Esercitazioni di Pep Guardiola: Trasmissioni palla del Manchester City

"L'obiettivo non è muovere la palla, ma piuttosto, sbilanciare l'avversario."

Esercitazioni di Pep Guardiola: trasmissioni palla del Manchester City

1. 3 c 1, scarico palla, trasmissione filtrante e conclusione nella porticina

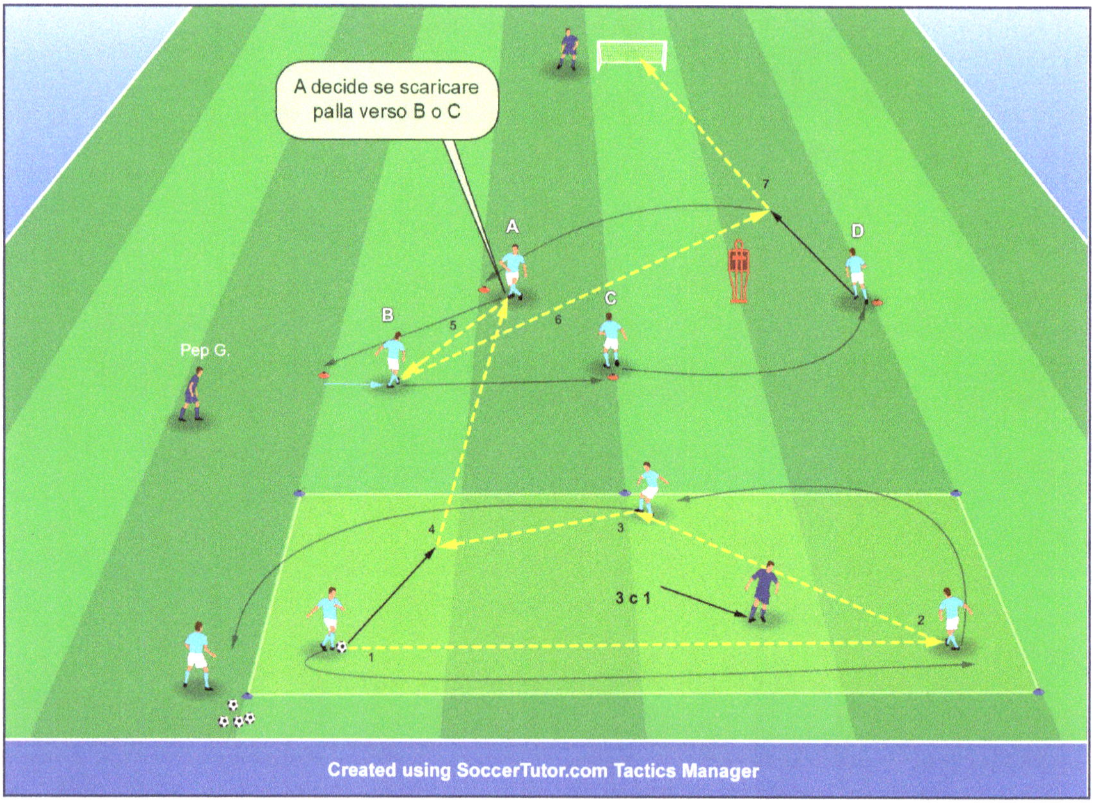

A decide se scaricare palla verso B o C

Descrizione

1. 3 giocatori devono mantenere il possesso contro l'assistente, in un duello 3 c 1.

2. Dopo alcune sequenze di passaggi, il giocatore più avanzato scarica palla verso un compagno.

3. Il ricevente deve trasmettere verso A.

4. A decide se scaricare palla a B o C. B riceve, in figura.

5. B trasmette sulla corsa di D, oltre la sagoma, per finalizzare l'azione.

6. D calibra la propria corsa per concludere di prima intenzione nella porticina.

7. A, B, C e D ruotano le posizioni, così come i compagni coinvolti nel duello 3 c 1 e l'esercitazione riprende dall'inizio.

Fonte: sessione di allenamento di Pep Guardiola al Man City - Etihad Campus Training Ground, Manchester - 23 Agosto 2018

Esercitazioni di Pep Guardiola: trasmissioni palla del Manchester City

2. 3 c 1, scarico palla, trasmissione filtrante e conclusione nella porticina (variante)

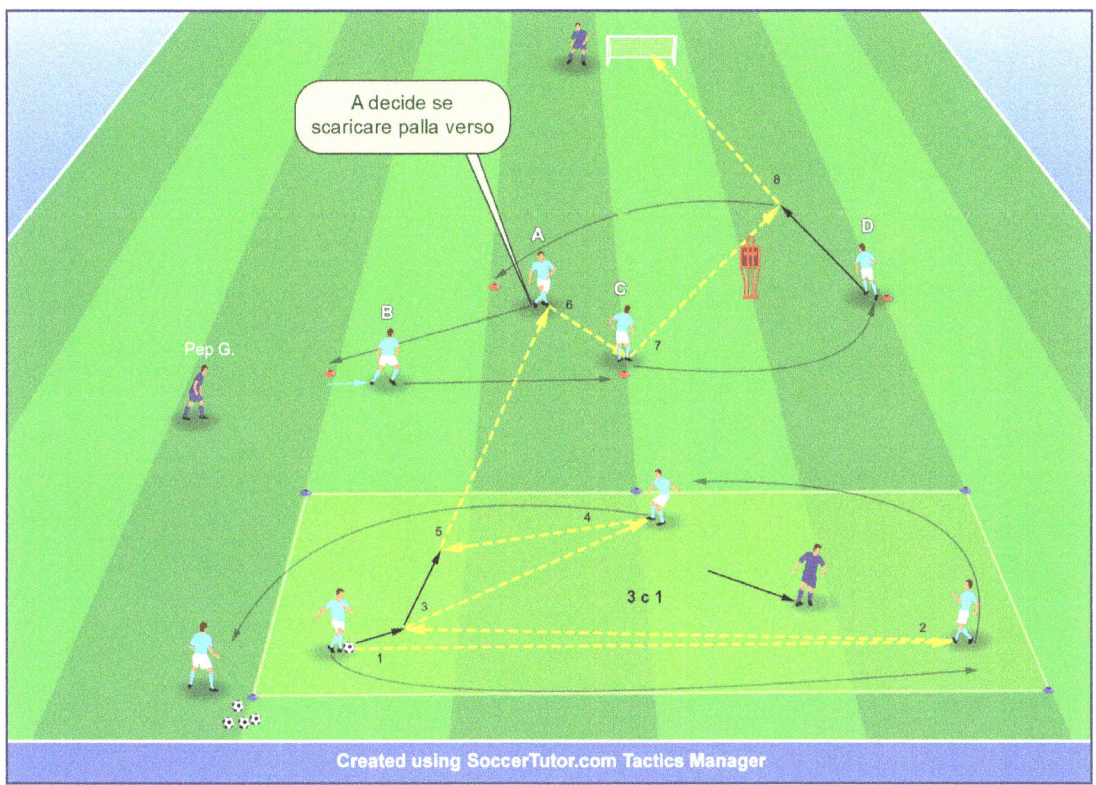

Descrizione

- In questa variante dell'esercitazione precedente, la sequenza di gioco è la stessa, eccetto lo scarico palla di A verso C anziché B.

- C trasmette quindi sulla corsa di D per finalizzare l'azione.

Fonte: sessione di allenamento di Pep Guardiola al Man City - Etihad Campus Training Ground, Manchester - 23 Agosto 2018

Esercitazioni di Pep Guardiola: trasmissioni palla del Manchester City

3. 3 c 1, scarico palla, giocata alta alle spalle della linea difensiva e conclusione

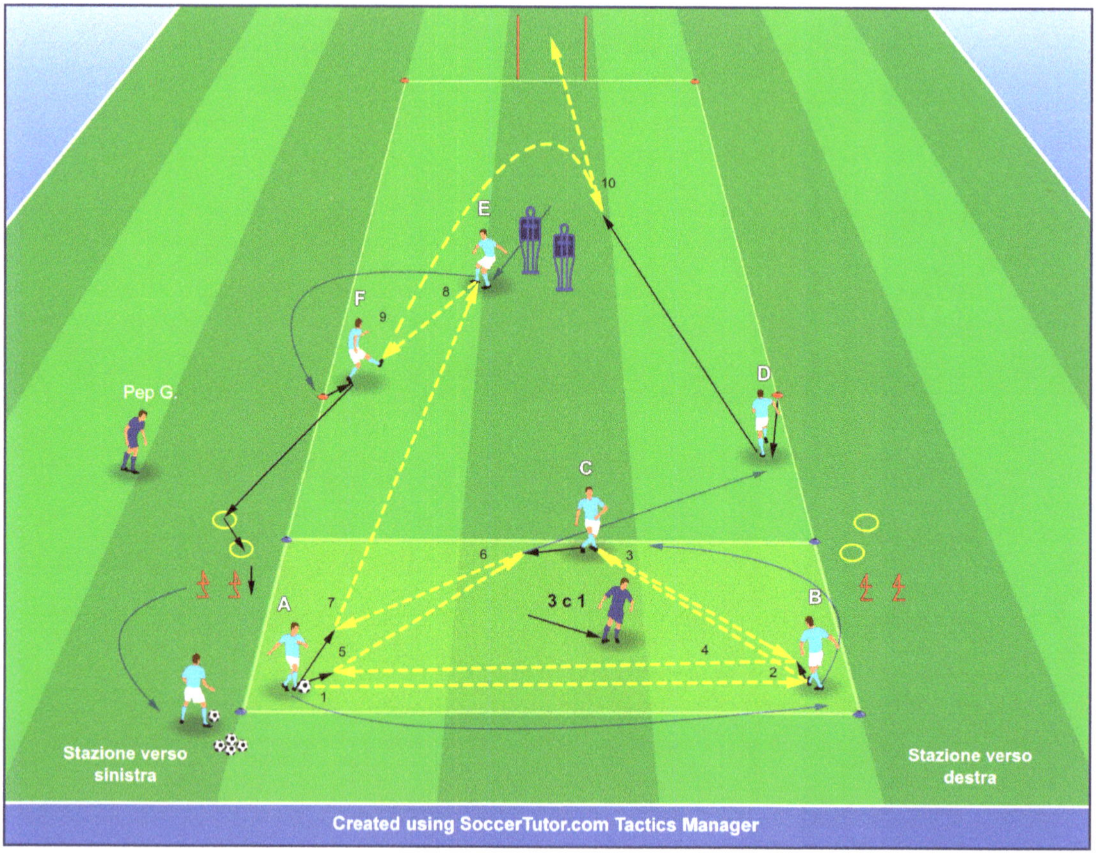

Descrizione

1-5. 3 giocatori devono mantenere il possesso contro l'assistente, in un duello 3 c 1.

6. Dopo alcune sequenze di passaggi, C scarica verso A.

7. A trasmette palla in avanti ad E, che si è mosso incontro per ricevere.

8. E scarica palla verso F.

9. F gioca palla alta sulla corsa di D.

10. D prima si è mosso per venire incontro, successivamente si inserisce in profondità, per concludere tra i paletti.

11. A, B, C, D, E ed F ruotano le posizioni e l'esercitazione ricomincia.

Fonte: sessione di allenamento di Pep Guardiola al Man City - Etihad Campus Training Ground, Manchester - 23 Novembre 2018

Esercitazioni di Pep Guardiola: trasmissioni palla del Manchester City

4. 3 c 1, scarico palla, trasmissione in apertura, giocata alta alle spalle della linea difensiva e conclusione (variante 1)

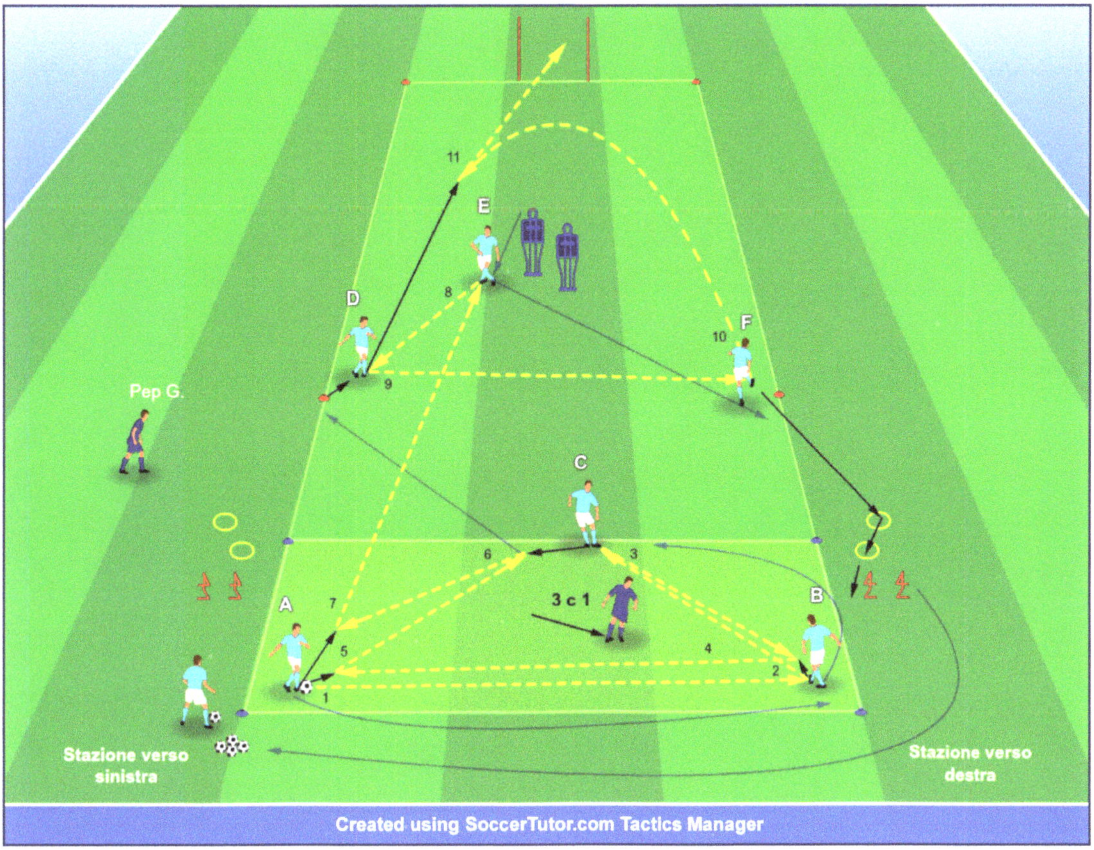

Descrizione

- 3 giocatori devono mantenere il possesso contro l'assistente, in un duello 3 c 1.
- Dopo alcune sequenze di passaggi, C scarica verso A.
- A trasmette palla in avanti ad E, che si è mosso incontro per ricevere.
- E scarica palla verso D.
- D trasmette ad F.
- F gioca palla alta sulla corsa di D, che si inserisce in profondità, per concludere tra i paletti.
- A, B, C, D, E ed F ruotano le posizioni e l'esercitazione ricomincia.

Fonte: sessione di allenamento di Pep Guardiola al Man City - Etihad Campus Training Ground, Manchester - 23 Novembre 2018

Esercitazioni di Pep Guardiola: trasmissioni palla del Manchester City

5. 3 c 1, trasmissioni rapide in combinazione, giocata alta alle spalle della linea difensiva e conclusione (variante 2)

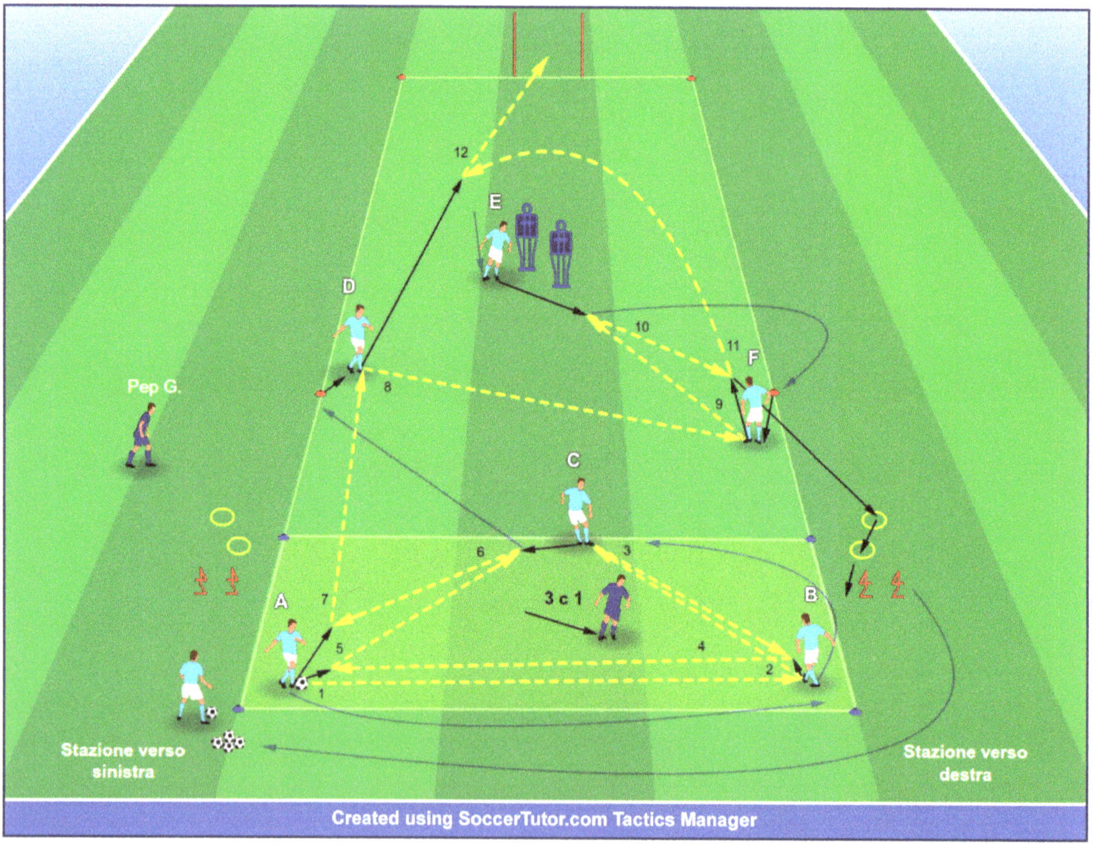

Descrizione

1-5. 3 giocatori devono mantenere il possesso contro l'assistente, in un duello 3 c 1.

6. Dopo alcune sequenze di passaggi, C scarica verso A.

7. A trasmette palla verso D.

8. D gioca verso F, che si muove incontro.

9. F trasmette ad E, che scivola centralmente.

10. E scarica palla verso F.

11. F gioca palla alta sulla corsa di D.

12. D calibra il proprio movimento per inserirsi in profondità e concludere tra i paletti.

13. A, B, C, D, E ed F ruotano le posizioni e l'esercitazione ricomincia.

Fonte: sessione di allenamento di Pep Guardiola al Man City - Etihad Campus Training Ground, Manchester - 23 Novembre 2018

Esercitazioni di Pep Guardiola: trasmissioni palla del Manchester City

6. Circuito per trasmissione, ricezione e controllo palla

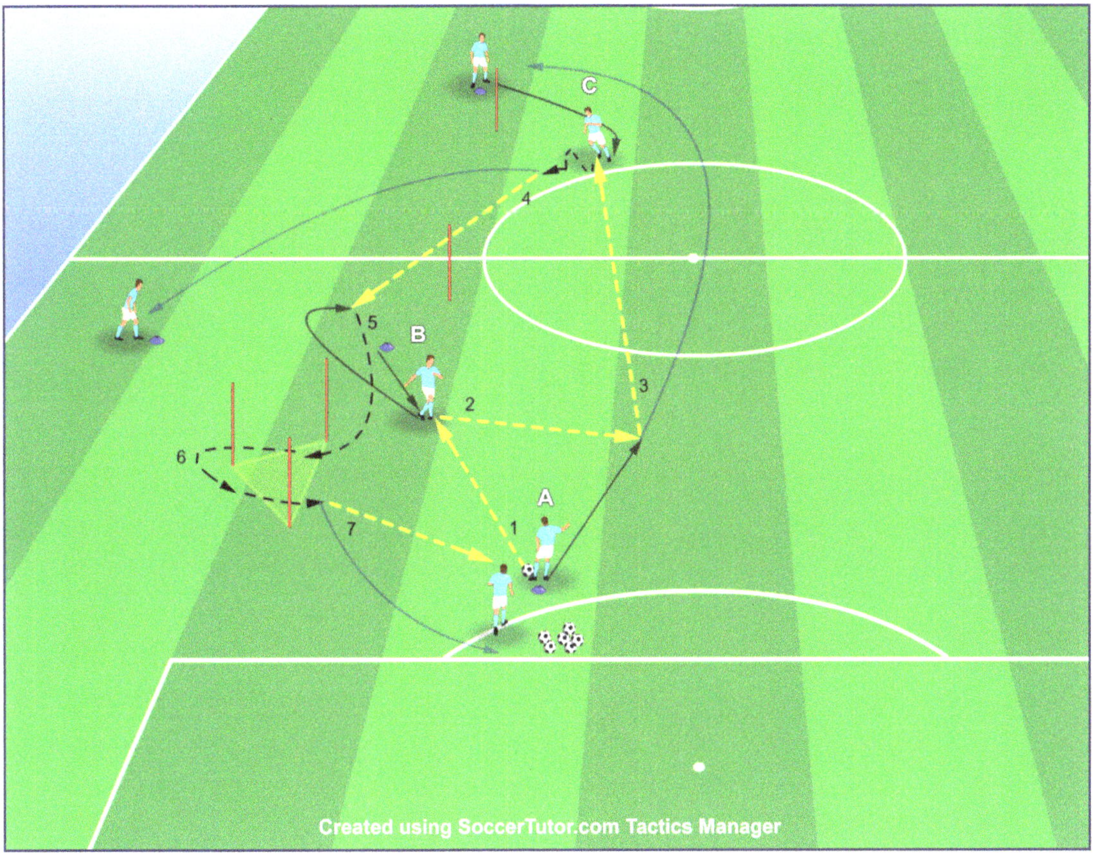

Descrizione

- A gioca a B, che si muove incontro.
- B trasmette verso il centro, sulla corsa di A.
- A trasmette a C, che scivola verso il centro.
- C gioca verso B, che si muove intorno al cono per ricevere.
- B controlla palla e si gira.
- Il giocatore in possesso conduce attraverso i paletti.
- B, successivamente, gioca palla verso il punto iniziale, dov'è posizionato A, che inizia la sequenza successiva.

Fonte: sessione di allenamento di Pep Guardiola al Man City - Etihad Campus Training Ground, Manchester - Pre-campionato 2016

Esercitazioni per trasmissione palla del Bayern Monaco

Dalle sessioni di allenamento di Pep Guardiola al Bayern Monaco

Esercitazioni di Pep Guardiola: trasmissioni palla del Bayern Monaco

1. Circuito per trasmissione palla e movimenti a ricevere abbinati a lavori di rapidità

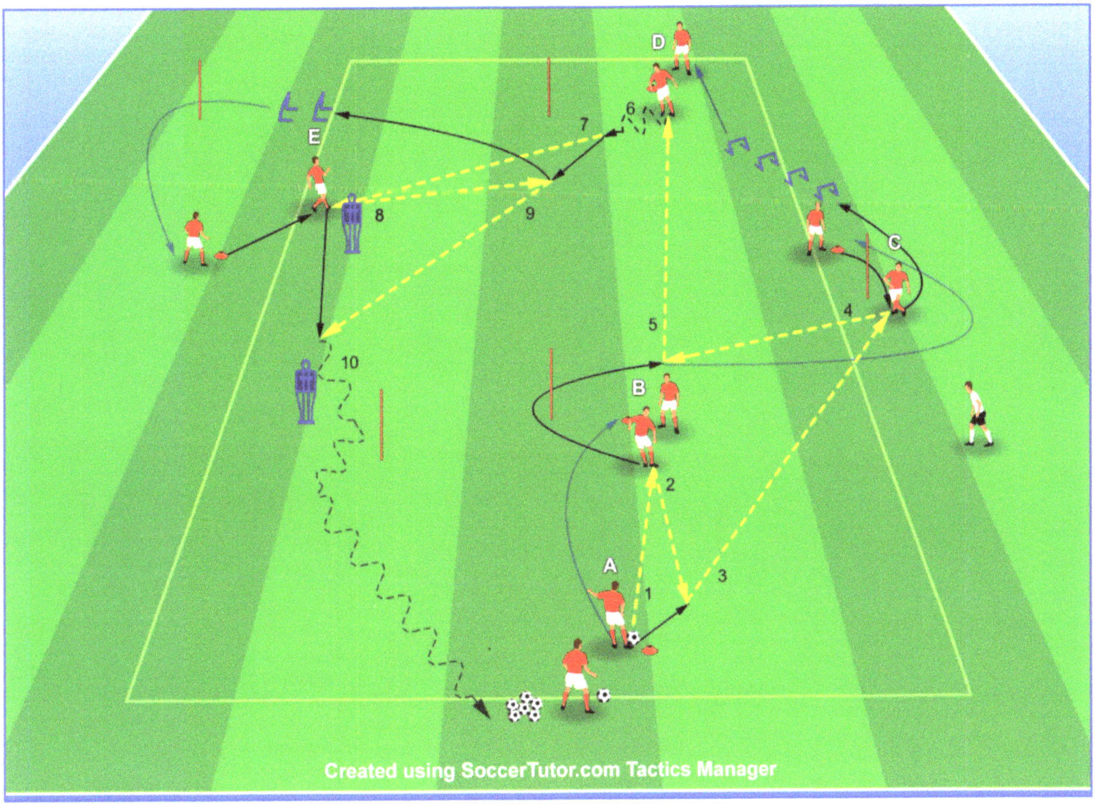

Descrizione

1. A trasmette palla verso B.
2. B effettua il passaggio di ritorno ad A, completando una combinazione 1-2 e, successivamente, gira intorno al paletto.
3. A gioca in ampiezza verso C, che si muove incontro, lasciandosi il paletto alle spalle.
4. C trasmette palla internamente verso B.
5. B gioca in avanti a D.
6. D riceve, aprendo il controllo.
7. D trasmette ad E.
8. E gioca palla internamente verso D.
9. D trasmette di fronte alla sagoma ad E e, successivamente, accelera verso l'esterno, salta i 2 ostacoli e gira intorno al paletto.
10. E conduce palla tra la sagoma e il paletto, per tornare al punto di partenza.
11. I giocatori ruotano le posizioni come segue: A -> B -> C -> D -> E -> A.

Fonte: sessione di allenamento di Pep Guardiola al Bayern Monaco - Säbener Strasse Trainingsgelände, Monaco

Esercitazioni di Pep Guardiola: trasmissioni palla del Bayern Monaco

2. Trasmissioni palla, a corta e media distanza, di prima intenzione, nel rombo e allenamento dei tempi di inserimento

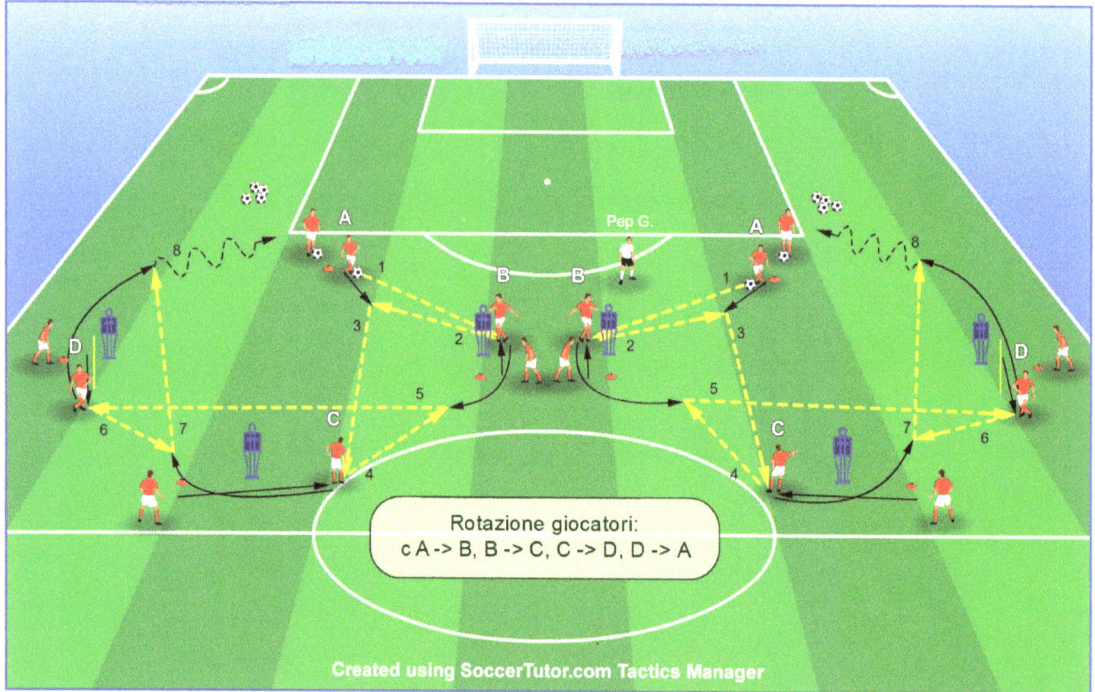

2 gruppi di 8 giocatori lavorano simultaneamente e ad un tocco di palla.

Descrizione

1. A gioca verso B, che si porta davanti alla sagoma per ricevere.
2. B trasmette palla indietro ad A, che si muove in avanti.
3. A scarica verso C, che si muove alle spalle della sagoma per ricevere.
4. C appoggia verso B, che viene incontro.
5. B gioca centralmente verso D, che si è mosso incontro, anch'egli, per ricevere.
6. D scarica palla a C, che si è mosso, nuovamente, alle spalle della sagoma.
7. C riceve e trasmette il passaggio finale a D, che aggira il paletto e la sagoma, per ricevere palla sulla corsa.
8. D conduce verso il punto di partenza della sequenza.
9. I giocatori ruotano le posizioni come segue: A -> B -> C -> D -> A.

Fonte: sessione di allenamento di Pep Guardiola al Bayern Monaco - Säbener Strasse Trainingsgelände, Monaco - 15 Ottobre 2014

Esercitazioni di Pep Guardiola: trasmissioni palla del Bayern Monaco

3. Trasmissioni palla, a corta e media distanza, di prima intenzione, nel rombo e allenamento dei tempi di inserimento (2 varianti)

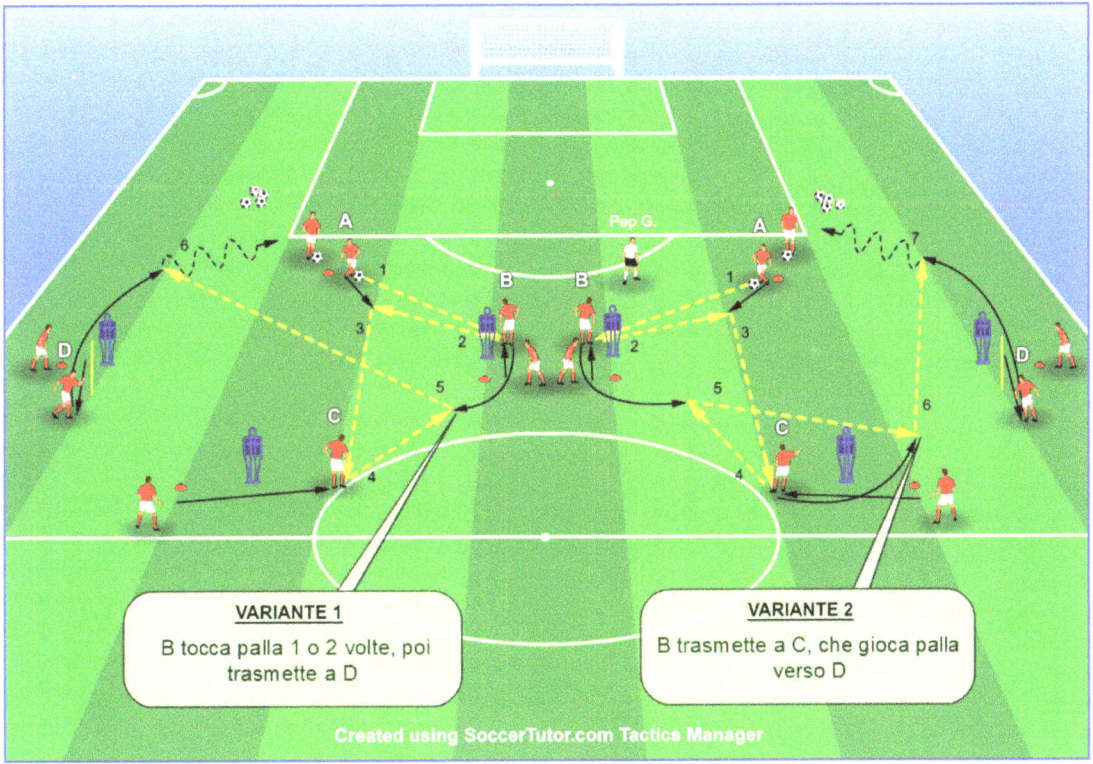

La figura mostra 2 varianti della proposta precedente.

Variante 1

1-4. I primi 4 sviluppi sono gli stessi della sequenza descritta nella pagina precedente.

5. B gioca in ampiezza verso D (al di là della sagoma).

6. D conduce verso il punto di partenza della sequenza.

7. I giocatori ruotano le posizioni come segue: A -> B -> C -> D -> A.

Variante 2

1-4. I primi 4 sviluppi sono gli stessi della proposta precedente.

5. B gioca palla a C, che si muove alle spalle della sagoma per ricevere.

6. C trasmette il passaggio finale a D, che aggira il paletto e la sagoma per ricevere palla sulla corsa.

7. D conduce verso il punto di partenza della sequenza.

8. I giocatori ruotano le posizioni come segue: A -> B -> C -> D -> A.

Fonte: sessione di allenamento di Pep Guardiola al Bayern Monaco - Säbener Strasse Trainingsgelände, Monaco - 15 Ottobre 2014

Esercitazioni di Pep Guardiola: trasmissioni palla del Bayern Monaco

4. Circuito per combinazioni di gioco con doppio 1-2, inserimento alle spalle della linea difensiva e conclusione

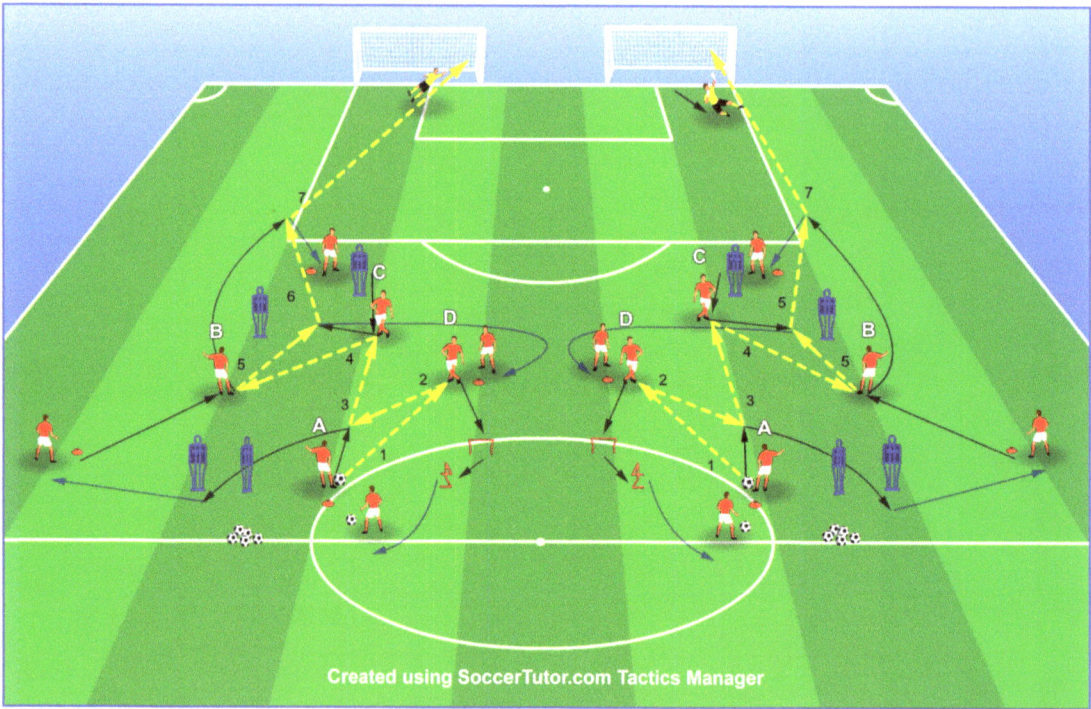

2 gruppi di 8 giocatori lavorano simultaneamente e ad un tocco di palla.

Descrizione

1. A trasmette palla verso D.
2. D trasmette palla indietro ad A, che si muove in avanti. D, successivamente, si sposta per saltare i 2 ostacoli.
3. A gioca a B, che si muove incontro. A, successivamente, passa, in corsa laterale, tra le sagome.
4. C scarica verso B, che si allontana dal cono, in diagonale, per ricevere.
5. B gioca palla di ritorno a C, completando una combinazione 1-2.
6. C trasmette il passaggio finale a B, che calibra la propria corsa intorno alla sagoma, per ricevere palla sulla corsa.
7. B cerca la conclusione.
8. I giocatori ruotano le posizioni come segue: A -> B -> C -> D -> A.

Fonte: sessione di allenamento di Pep Guardiola al Bayern Monaco - Säbener Strasse Trainingsgelände, Monaco

Esercitazioni di Pep Guardiola: trasmissioni palla del Bayern Monaco

5. Combinazione offensiva con scarichi palla multipli per allenare trasmissione, movimenti per ricevere e conclusione dalla distanza

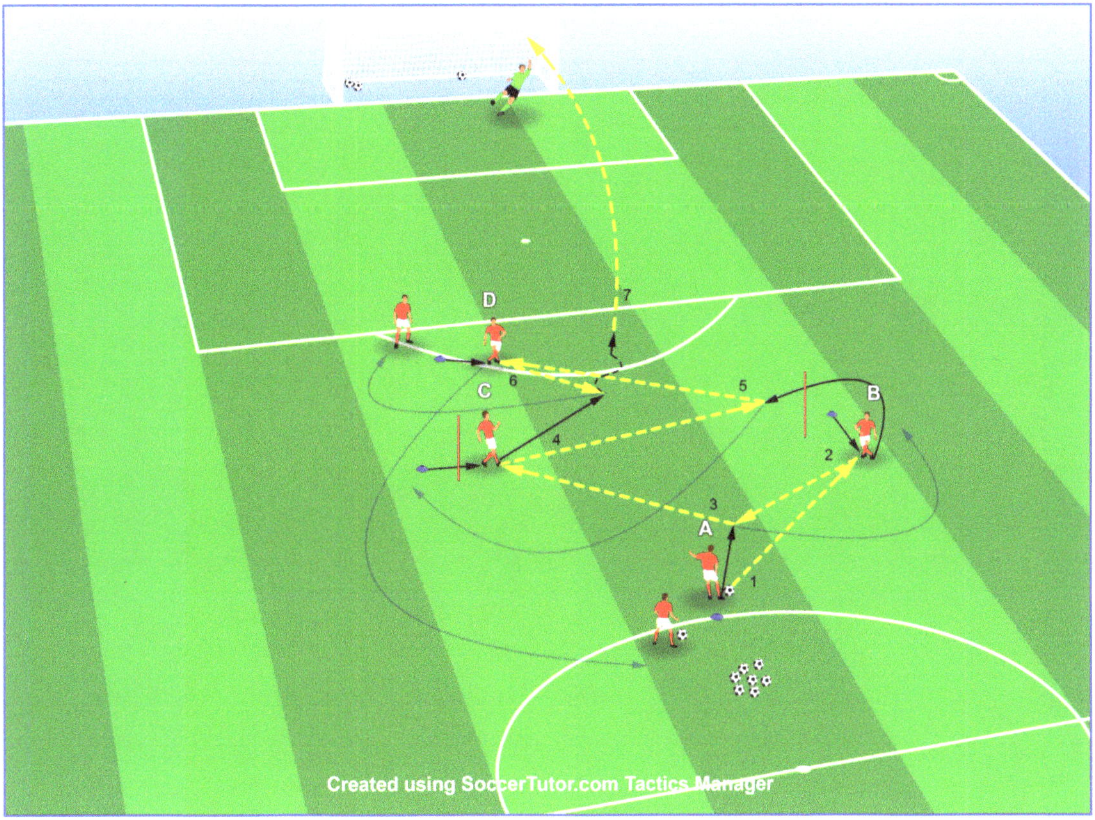

Descrizione

1. A gioca a B, che si muove incontro, allontanandosi dal cono.
2. B trasmette palla indietro ad A, che si muove in avanti.
3. A gioca palla a C, che si muove centralmente e di fronte al paletto.
4. C trasmette a B, che aggira il paletto ed il cono.
5. B trasmette palla verso D.
6. D scarica palla a C, che si muove in avanti ed incontro.
7. C conduce palla e conclude da fuori area di rigore.
8. I giocatori ruotano le posizioni come segue: A -> B -> C -> D -> A.

Fonte: sessione di allenamento di Pep Guardiola al Bayern Monaco - Säbener Strasse Trainingsgelände, Monaco - 1 Febbraio 2016

Esercitazioni di Pep Guardiola: trasmissioni palla del Bayern Monaco

6. Combinazione di gioco con doppio 1-2 e conclusione da fuori area

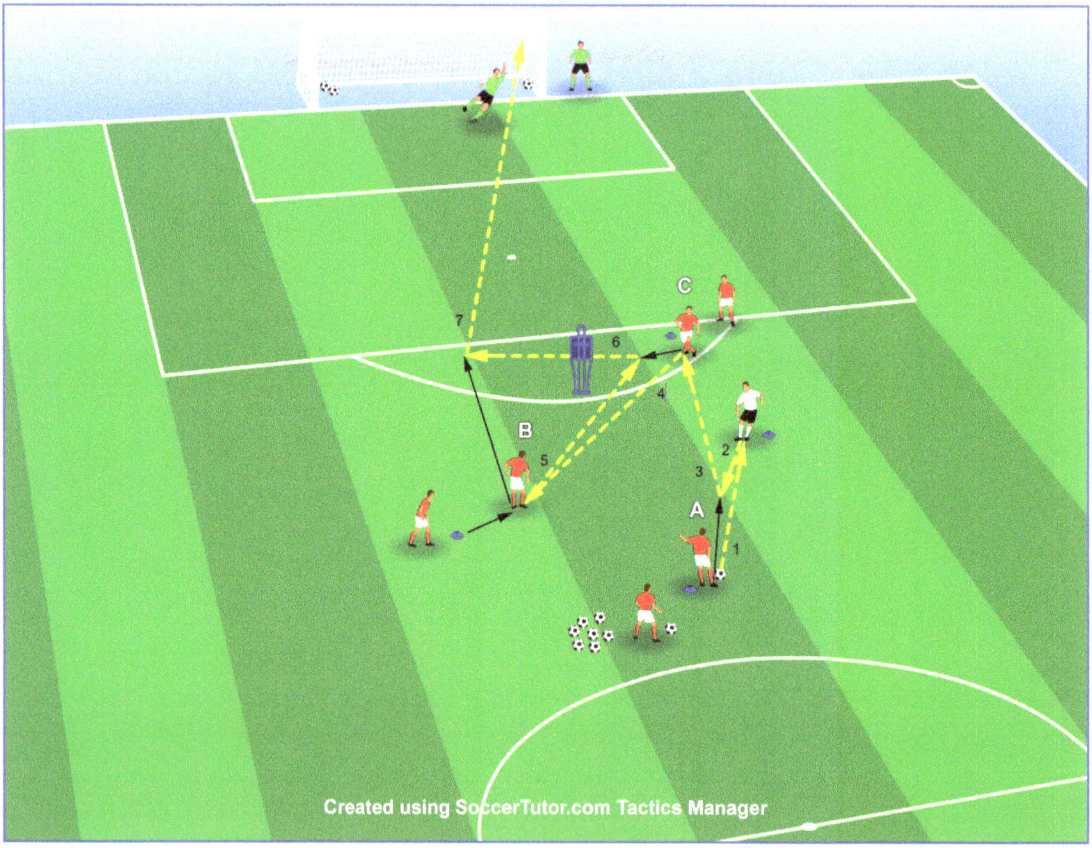

Descrizione

1. Il giocatore A trasmette palla verso l'assistente (maglia bianca)

2. L'assistente gioca palla di ritorno, completando una combinazione 1-2.

3. A trasmette verso C.

4. C gioca palla indietro, in diagonale, a B, che si allontana dal cono.

5. B trasmette alla destra della sagoma, verso C.

6. C gioca il passaggio finale della sequenza, alle spalle della sagoma, sulla corsa di B.

7. B conclude da fuori area di rigore.

8. I giocatori ruotano le posizioni come segue: A -> B -> C -> A.

Fonte: sessione di allenamento di Pep Guardiola al Bayern Monaco - Säbener Strasse Trainingsgelände, Monaco - 21 Maggio 2015

Esercitazioni di Pep Guardiola: trasmissioni palla del Bayern Monaco

7. Combinazione di gioco intorno all'area di rigore e conclusione

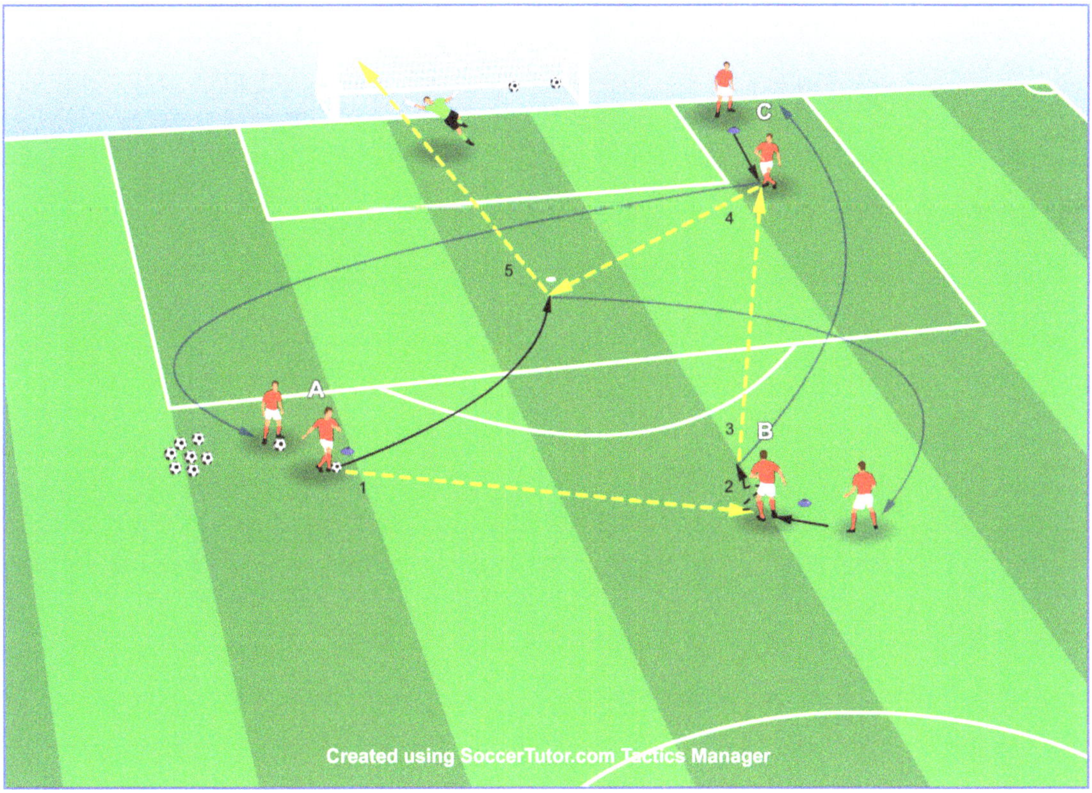

Descrizione

1. A scarica palla verso B, che si allontana dal cono, offrendo un angolo di passaggio.

2. B riceve, aprendo il controllo.

3. B gioca a C, che si muove incontro, allontanandosi dal cono.

4. C trasmette in area, nei pressi del dischetto del rigore.

5. A si è inserito in area di rigore con i tempi giusti e cerca la conclusione.

6. I giocatori ruotano le posizioni come segue: A -> B -> C -> A.

Fonte: sessione di allenamento di Pep Guardiola al Bayern Monaco - Doha, Qatar - 11 Gennaio 2016

Esercitazioni per trasmissione palla del Barcellona Fc

Dalle sessioni di allenamento di Pep Guardiola al Barcellona Fc

"Ho avuto un maestro unico. Sono cresciuto molto, come giocatore, con Pep; ho imparato tanto da lui. ! Alcuni manager sono dei tattici di grande livello, ma Pep ti descrive anche i movimenti da compiere in campo e cosa avviene subito dopo. E succede!"

(Lionel Messi)

Esercitazioni di Pep Guardiola: trasmissioni palla del Barcellona Fc

1. Esercitazione nel quadrato per trasmissione e ricezione in apertura

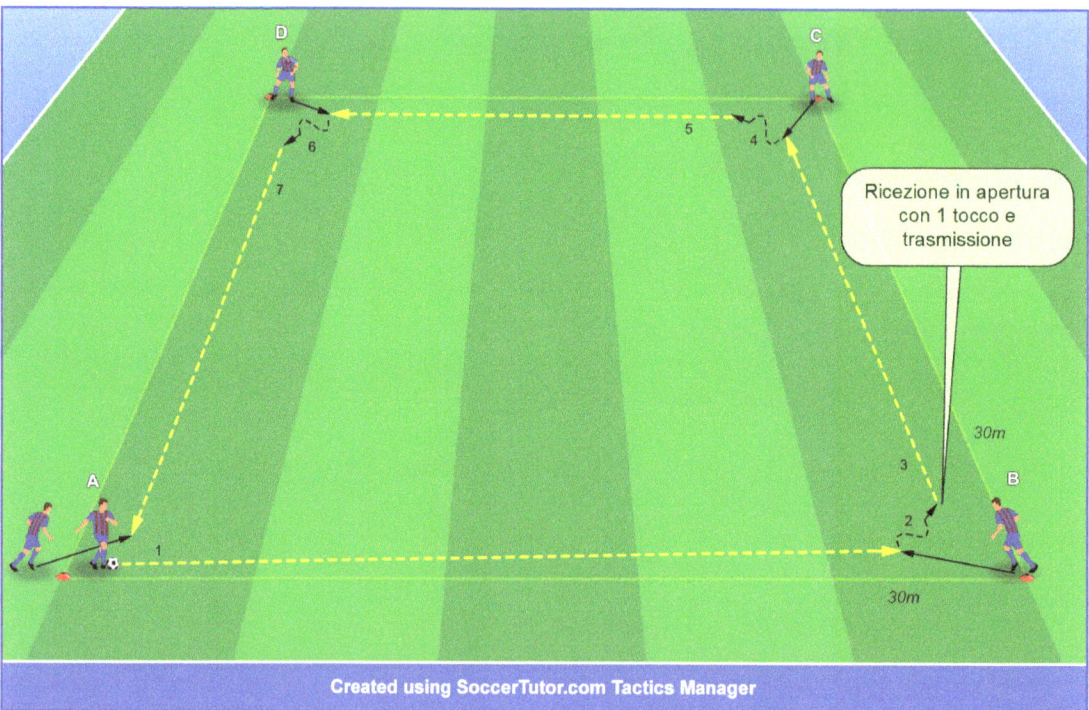

I giocatori svolgono una fase di attivazione (5') ed una di stretching (3'). Questa proposta è la prima di 3 varianti nel quadrato (vedere le prossime 2 pagine per la seconda e la terza variante).

Descrizione

1. A trasmette palla verso B.
2. B riceve, aprendo il controllo.
3. B trasmette palla verso C.
4. C riceve, aprendo il controllo.
5. C trasmette palla verso D.
6. D riceve, aprendo il controllo.
7. D gioca palla verso il punto iniziale, dov'è posizionato il giocatore successivo, che inizia una nuova sequenza.
8. I giocatori ruotano le posizioni come segue: A -> B -> C -> D -> A.

Fonte: sessioni di allenamento di Pep Guardiola al Barcellona B (2007-08)

Esercitazioni di Pep Guardiola: trasmissioni palla del Barcellona Fc

2. Esercitazione nel quadrato per combinazione 1-2 e movimenti a ricevere

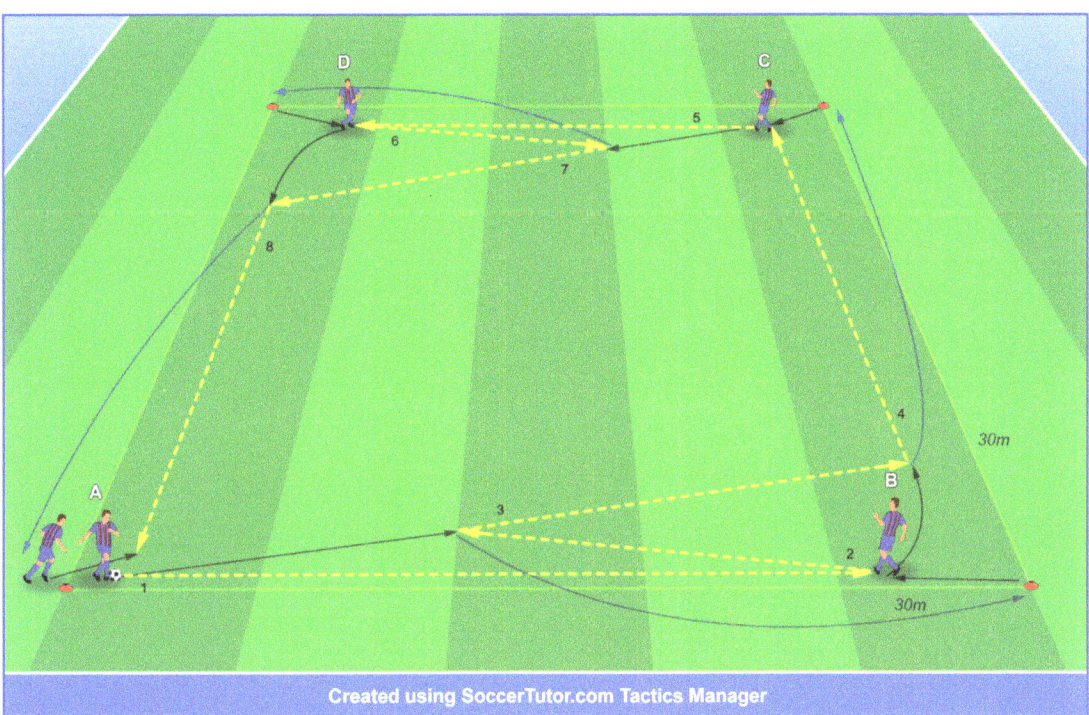

I giocatori svolgono questa proposta per 3'. L'esercitazione presentata è la seconda delle 3 varianti nel quadrato (vedere la prossima pagina per la descrizione dell'ultima).

Descrizione

1. A trasmette palla verso B.
2. B gioca palla di ritorno sulla corsa di A, completando una combinazione 1-2.
3. A trasmette di nuovo a B, che apre il controllo sulla corsa.
4. B trasmette palla verso C.
5. C trasmette palla verso D.
6. D gioca palla di ritorno sulla corsa di C, completando una combinazione 1-2.
7. C trasmette di nuovo a D, che apre il controllo sulla corsa.
8. D gioca palla verso il punto iniziale, dov'è posizionato il giocatore successivo, che inizia una nuova sequenza.
9. I giocatori ruotano le posizioni come segue: A -> B -> C -> D -> A.

Fonte: sessioni di allenamento di Pep Guardiola al Barcellona B (2007-08)

Esercitazioni di Pep Guardiola: trasmissioni palla del Barcellona Fc

3. Esercitazione nel quadrato per trasmissione palla e combinazioni a corta e media distanza

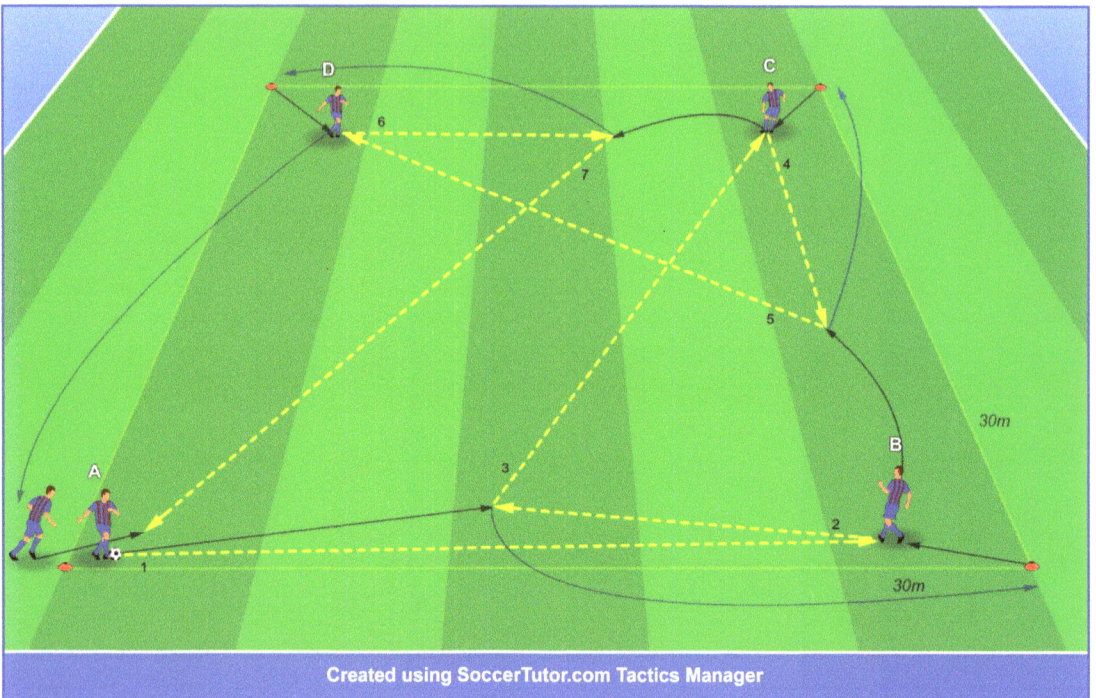

I giocatori svolgono questa proposta, l'ultima delle 3 esercitazioni nel quadrato, per 3'.

Descrizione

1. A trasmette palla verso B.
2. B gioca palla di ritorno sulla corsa di A, completando una combinazione 1-2.
3. A trasmette palla verso C.
4. C scarica sulla corsa di B.
5. B trasmette palla verso D.
6. D gioca sulla corsa di C.
7. C trasmette verso il punto iniziale, dov'è posizionato il giocatore successivo, che inizia una nuova sequenza.
8. I giocatori ruotano le posizioni come segue: A -> B -> C -> D -> A.

Fonte: sessioni di allenamento di Pep Guardiola al Barcellona B (2007-08)

Esercitazioni di Pep Guardiola: trasmissioni palla del Barcellona Fc

4. Triangolazione di gioco con combinazione 1-2 e movimenti per ricevere

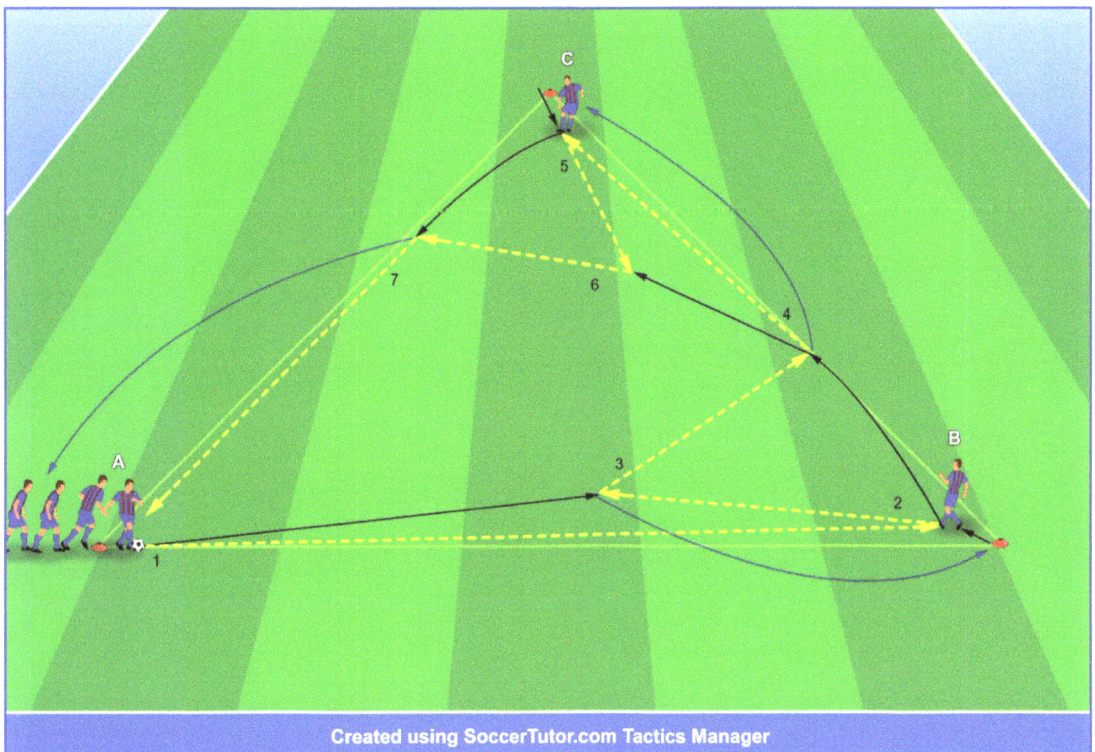

I giocatori svolgono 3 serie in senso antiorario e altre 3 in senso orario.

Descrizione

1. A trasmette verso B.
2. B gioca palla di ritorno sulla corsa di A, completando una combinazione 1-2.
3. A trasmette in avanti, sulla corsa di B.
4. B trasmette palla verso C.
5. C gioca indietro a B.
6. B trasmette sulla corsa di C.
7. C trasmette verso il punto iniziale, dov'è posizionato il giocatore successivo, che inizia una nuova sequenza.
8. I giocatori ruotano le posizioni come segue: A -> B -> C -> A.

Fonte: sessioni di allenamento di Pep Guardiola al Barcellona B (2007-08)

Esercitazioni di Pep Guardiola: trasmissioni palla del Barcellona Fc

5. Triangolazione di gioco con combinazione a corta e media distanza

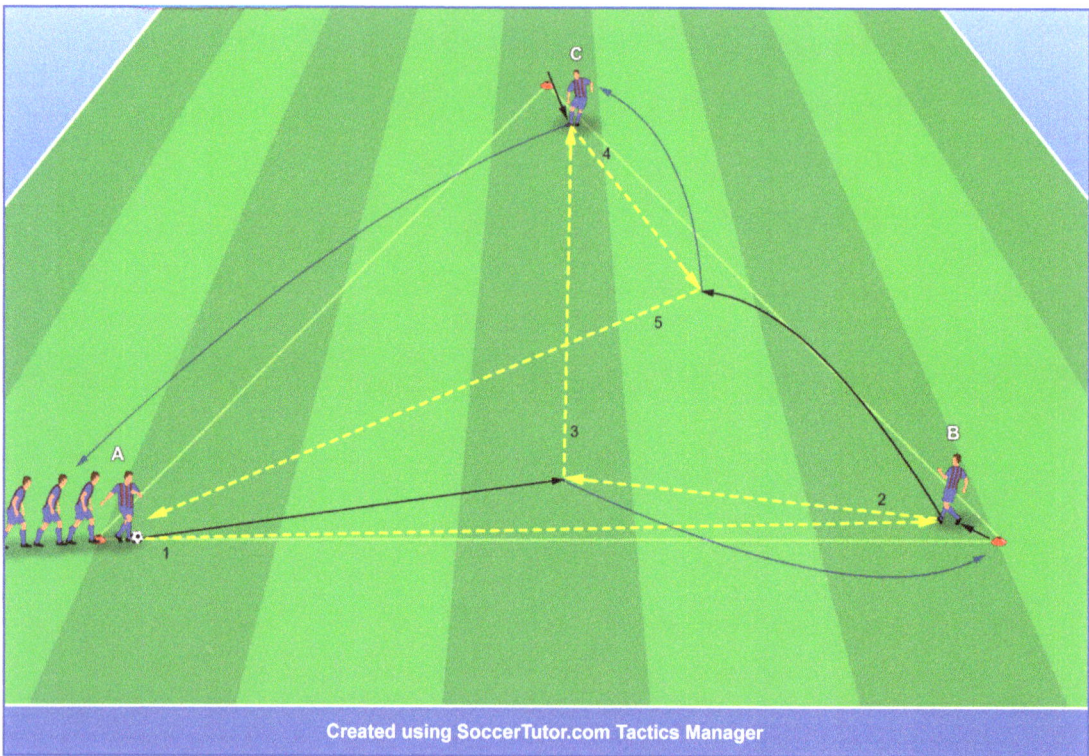

I giocatori svolgono 3 serie in senso antiorario e altre 3 in senso orario

6. I giocatori ruotano le posizioni come segue: A -> B -> C -> A.

Descrizione

1. A trasmette palla verso B.
2. B gioca palla di ritorno sulla corsa di A, completando una combinazione 1-2.
3. A trasmette verso C.
4. C scarica palla sulla corsa di B.
5. B trasmette verso il punto iniziale, dov'è posizionato il giocatore successivo, che inizia una nuova sequenza.

Fonte: sessioni di allenamento di Pep Guardiola al Barcellona B (2007-08)

6. Combinazione di gioco nella figura a "Y" con trasmissioni a corta e media distanza per allenare i tempi di inserimento

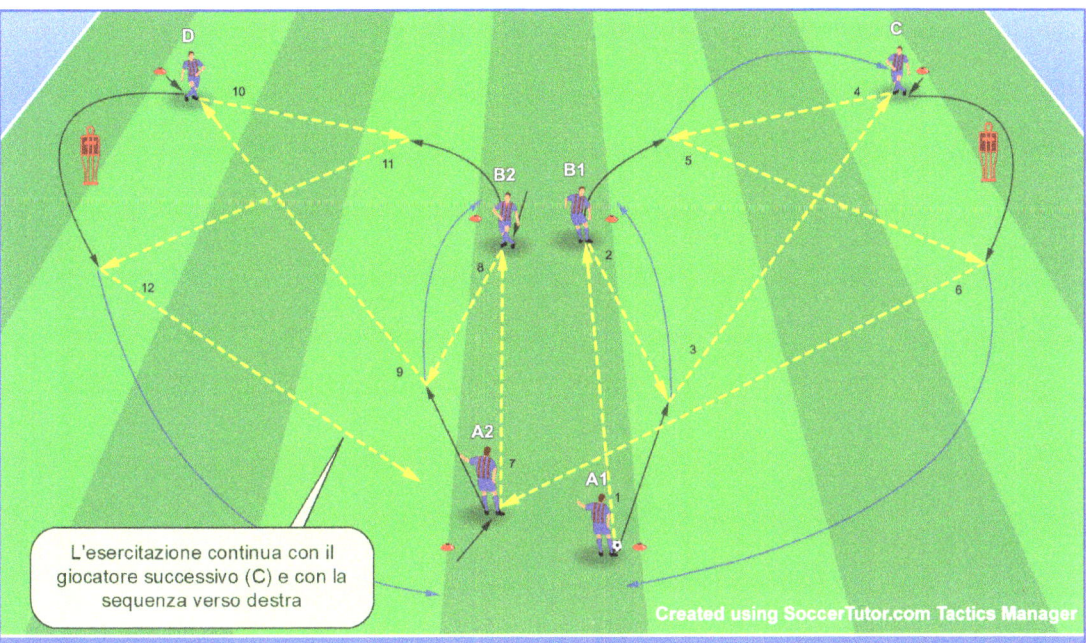

Descrizione

1. Il giocatore A1 trasmette palla verso B1.
2. B1 gioca un passaggio di ritorno, sulla corsa in avanti di A1, completando una combinazione 1-2.
3. A1 trasmette palla verso C.
4. C scarica palla verso B1, che si porta in avanti per ricevere.
5. B1 trasmette verso la sagoma, sulla corsa di C, che la aggira, per ricevere sulla corsa.
6. C trasmette palla verso A2.
7. A2 gioca a B2.
8. B2 trasmette un passaggio di ritorno, sulla corsa in avanti di A2, completando una combinazione 1-2.
9. A2 trasmette palla verso D.
10. D scarica palla verso B2, che si porta in avanti per ricevere.
11. B2 trasmette verso la sagoma, sulla corsa di D, che la aggira per ricevere sulla corsa.
12. D gioca verso il compagno successivo in attesa.
13. I giocatori ruotano le posizioni come segue: A -> B -> C -> D -> A.

Varianti

1. C e D conducono verso il punto di partenza della sequenza.
2. C e D conducono e cercano la conclusione nelle porticine o nella porta regolare con il portiere.

Fonte: sessioni di allenamento di Pep Guardiola al Barcellona B (2007-08)

Esercitazioni di Pep Guardiola: trasmissioni palla del Barcellona Fc

7. Trasmissioni e movimenti per ricevere nel rettangolo con palla alta

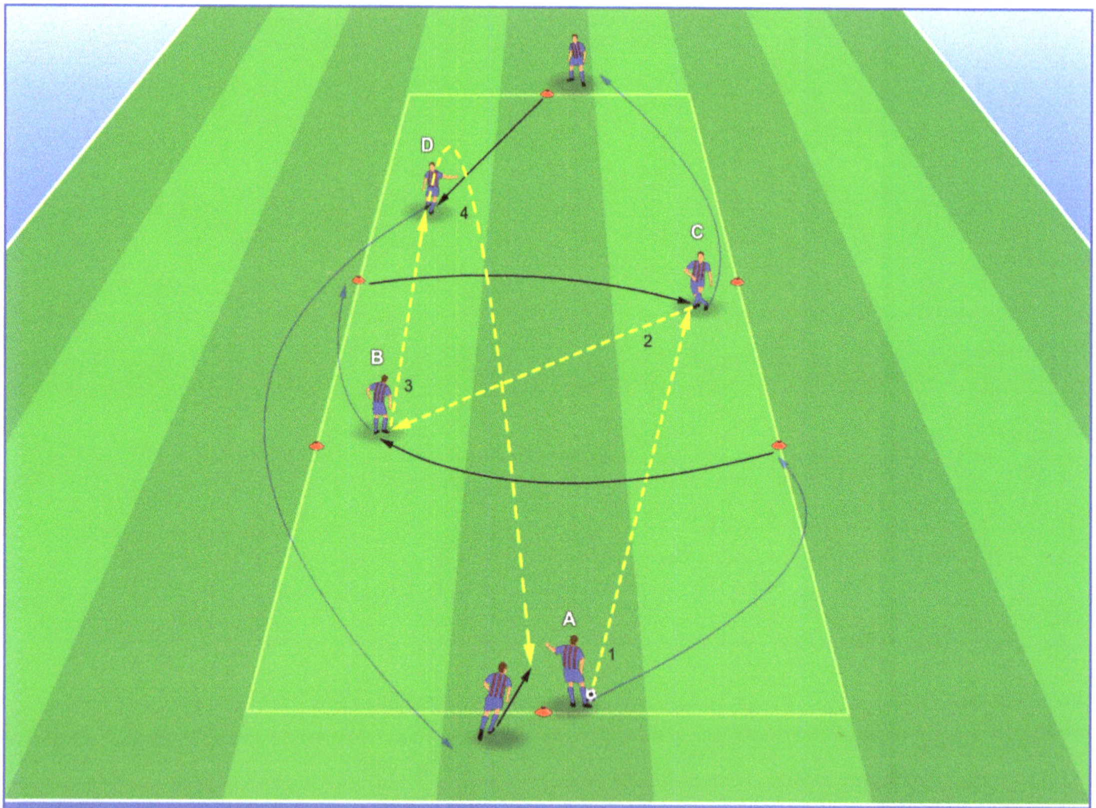

Ogni giocatore esegue 6 ripetizioni, seguite da 2' di recupero (vedere la pagina successiva per la descrizione della progressione di questa proposta).

Descrizione

1. A trasmette palla a C, che si è mosso centralmente, dal cono opposto, per ricevere.
2. C gioca verso B, che si è mosso, anch'egli, dal cono opposto per ricevere.
3. B trasmette a D, che si è portato in avanti e in diagonale, allontanandosi dal cono.
4. D trasmette palla alta verso il punto iniziale della sequenza.
5. I giocatori ruotano le posizioni come segue: A -> B -> C -> D -> A.

Fonte: sessioni di allenamento di Pep Guardiola al Barcellona B (2007-08)

Esercitazioni di Pep Guardiola: trasmissioni palla del Barcellona Fc

8. Trasmissioni e movimenti per ricevere nel rettangolo con palla alta e inserimenti in profondità

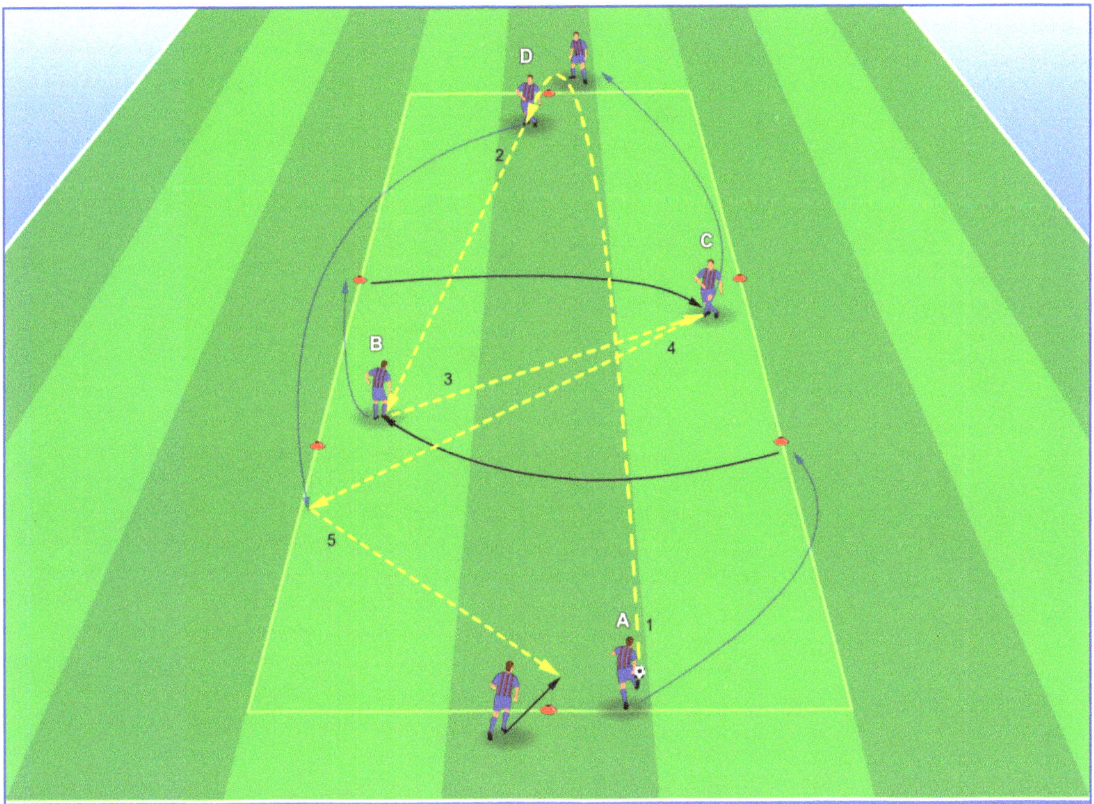

Ogni giocatore esegue 6 ripetizioni, seguite da 2' di recupero (vedere la pagina successiva per la descrizione della progressione di questa proposta).

Descrizione

1. A trasmette palla alta verso D.
2. D gioca a B, che si è mosso centralmente, dal cono opposto, per ricevere.
3. B trasmette verso C, che si è mosso, anch'egli, dal cono opposto per ricevere.
4. C trasmette sulla corsa in sovrapposizione esterna di D.
5. D gioca palla verso il punto di partenza della sequenza.
6. I giocatori ruotano le posizioni come segue: A -> B -> C -> D -> A.

Fonte: sessioni di allenamento di Pep Guardiola al Barcellona B (2007-08)

Esercitazioni di Pep Guardiola: trasmissioni palla del Barcellona Fc

9. Trasmissioni e movimenti per ricevere nel rettangolo con combinazioni di gioco complesse a corta distanza

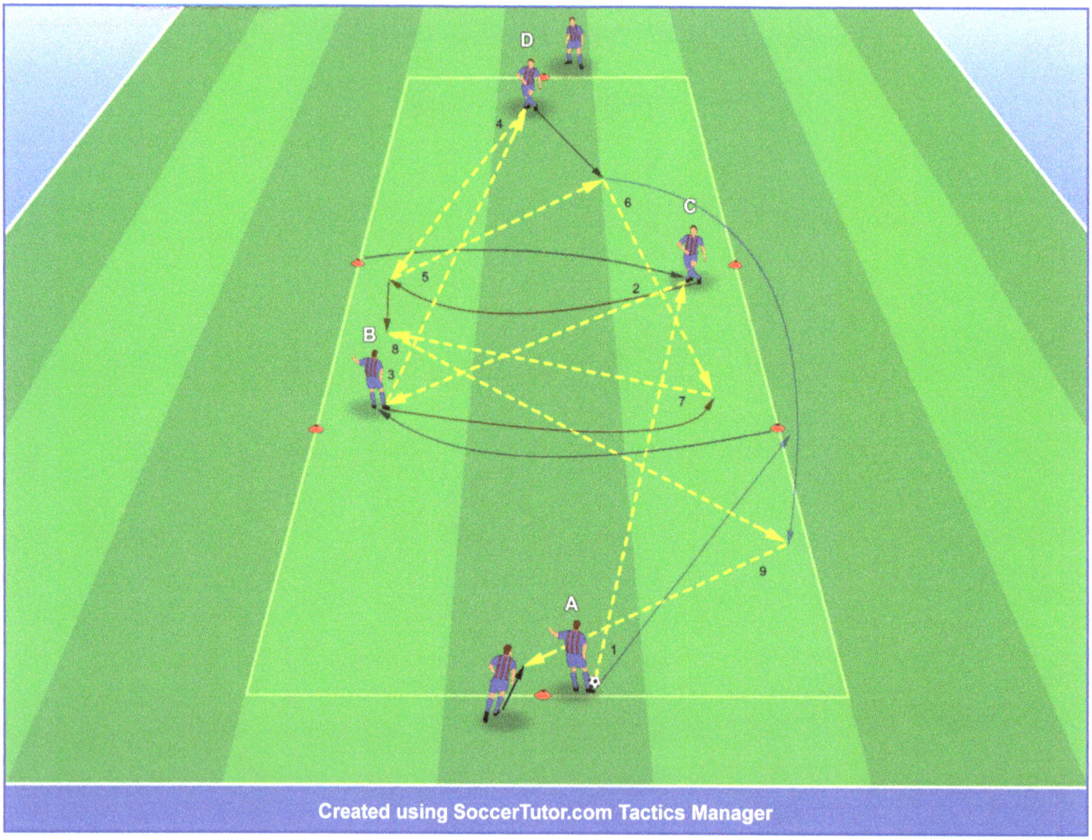

Ogni giocatore esegue 6 ripetizioni, seguite da 2' di recupero.

Descrizione

1. A gioca palla a C, che si è mosso centralmente, dal cono opposto, per ricevere.
2. C gioca verso B, che si è mosso, anch'egli, dal cono opposto per ricevere.
3. B trasmette palla verso D.
4. D trasmette verso C, che scivola dal cono opposto per ricevere.
5. C gioca sulla corsa in avanti di D.
6. D trasmette verso B, che scivola, anch'egli, dal cono opposto per ricevere.
7. B trasmette palla verso C.
8. C trasmette sulla corsa, in sovrapposizione esterna, di D.
9. D gioca palla verso il punto di partenza della sequenza.
10. I giocatori ruotano le posizioni come segue: A -> B -> C -> D -> A.

Fonte: sessioni di allenamento di Pep Guardiola al Barcellona B (2007-08)

Esercitazioni di Pep Guardiola: trasmissioni palla del Barcellona Fc

10. Ricezione, conduzione palla in avanti e conclusione da fuori area di rigore

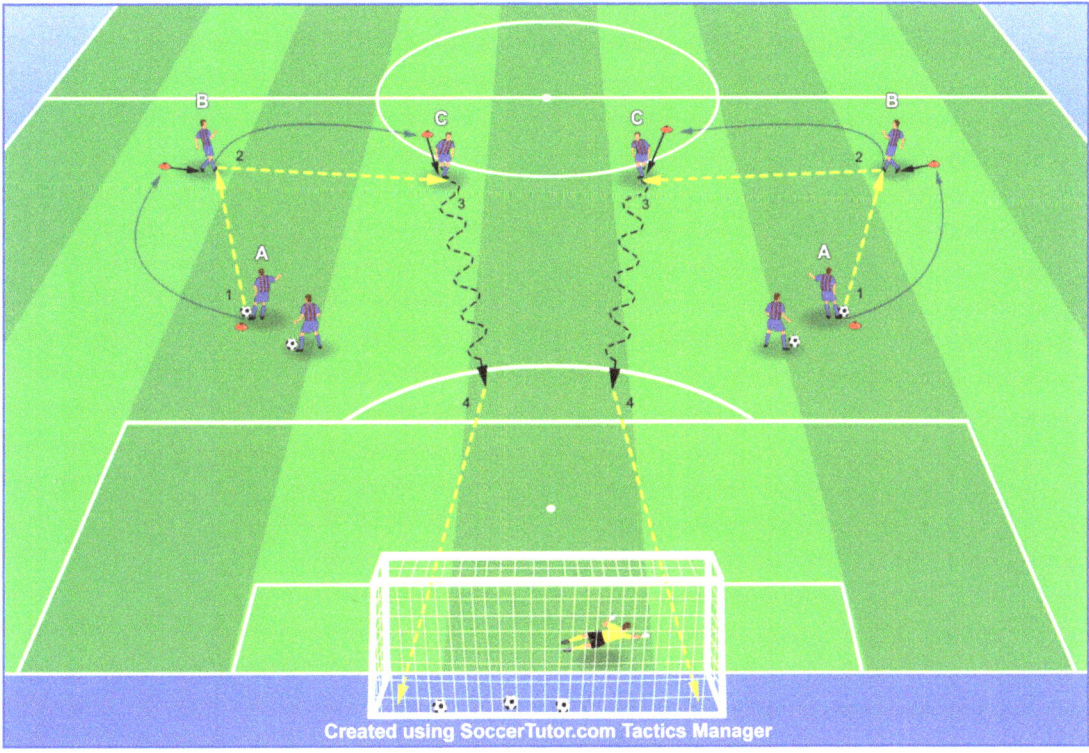

I giocatori svolgono una fase di attivazione (5') ed una di stretching (3'), prima di questa esercitazione. Ogni giocatore esegue 2 ripetizioni su ogni lato. Questa proposta è la prima di 3 varianti (vedere le prossime 2 pagine per la seconda e la terza variante).

4. C conclude da fuori area di rigore.
5. I giocatori ruotano le posizioni come segue: A -> B -> C -> A.

Descrizione

1. A trasmette palla verso B.
2. B gioca palla verso C, che si è allontanato dal cono, per ricevere sulla corsa.
3. C conduce rapidamente palla in avanti.

Fonte: sessioni di allenamento di Pep Guardiola al Barcellona B (2007-08)

Esercitazioni di Pep Guardiola: trasmissioni palla del Barcellona Fc

11. Combinazione di gioco sul corto, conduzione palla in avanti e conclusione da fuori area

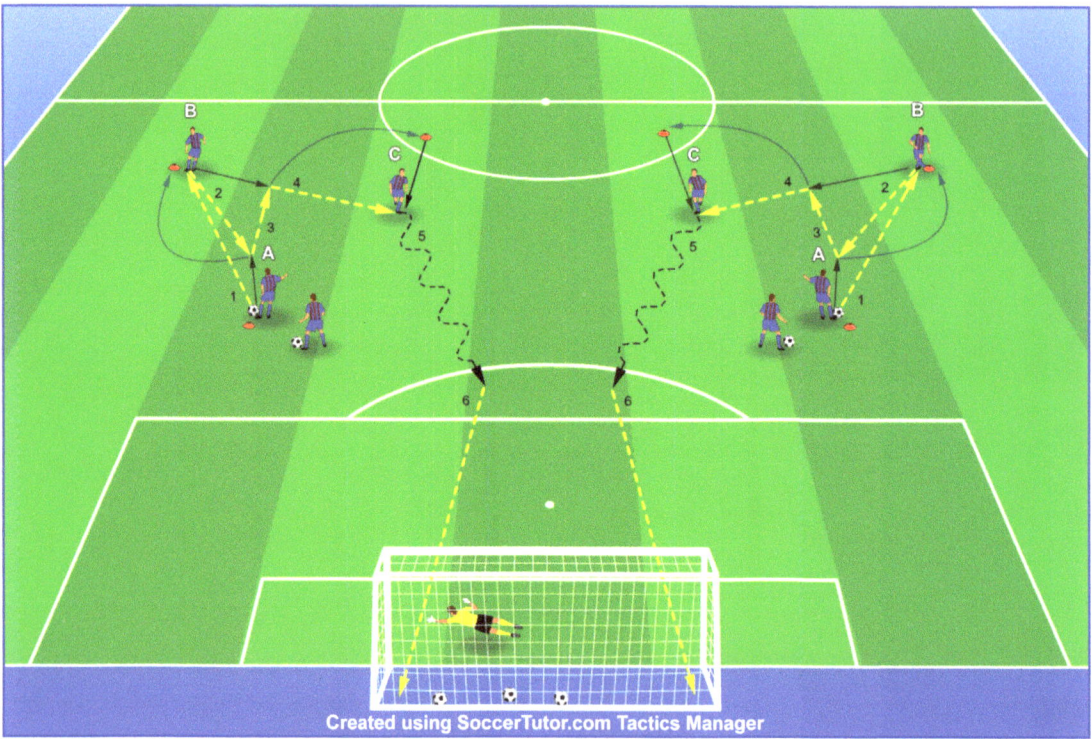

Questa proposta è la seconda delle 3 varianti presentate (vedere le prossima pagina per la terza esercitazione).

Descrizione

1. A trasmette palla verso B.

2. B gioca palla di ritorno sulla corsa di A, completando una combinazione 1-2.

3. A trasmette a B, che si muove centralmente per ricevere.

4. B gioca palla verso C, che si è allontanato dal cono, per ricevere sulla corsa.

5. C conduce rapidamente palla in avanti.

6. C conclude da fuori area di rigore.

7. I giocatori ruotano le posizioni come segue: A -> B -> C -> A.

Fonte: sessioni di allenamento di Pep Guardiola al Barcellona B (2007-08)

Esercitazioni di Pep Guardiola: trasmissioni palla del Barcellona Fc

12. Combinazione di gioco sul corto, movimento a ricevere in avanti e conclusione da fuori area

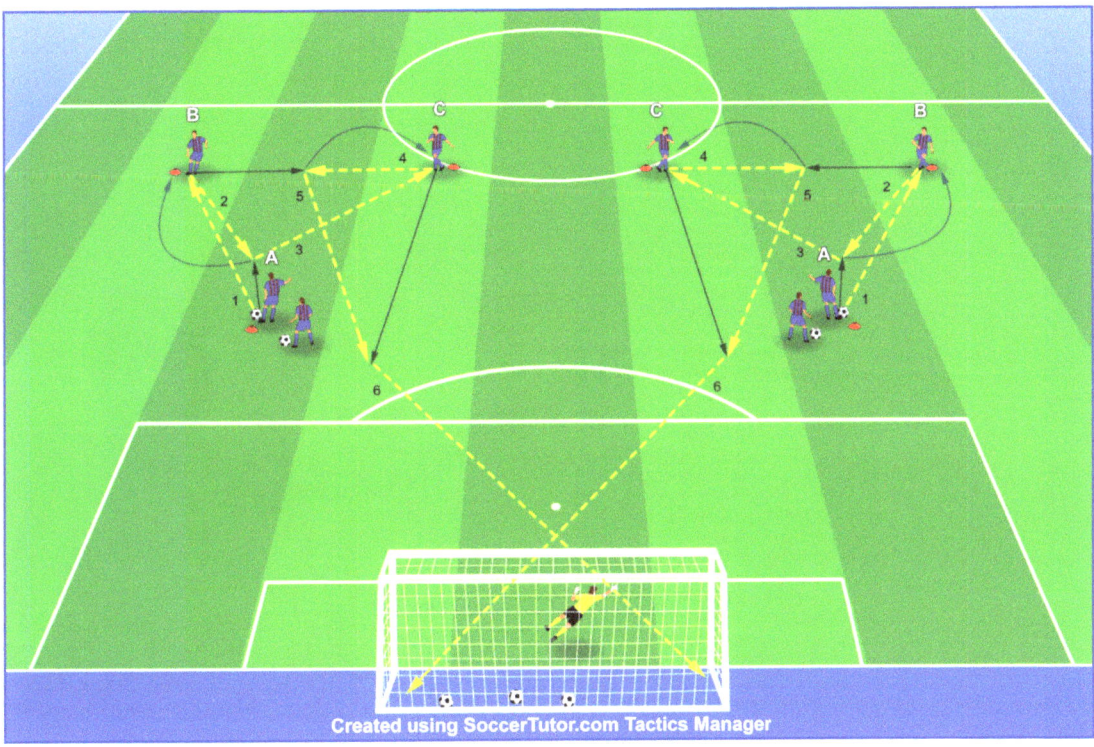

Questa proposta è l'ultima variante delle 3 esercitazioni.

7. I giocatori ruotano le posizioni come segue: A -> B -> C -> A.

Descrizione

1. A trasmette palla verso B.
2. B gioca palla di ritorno sulla corsa di A, completando una combinazione 1-2.
3. A trasmette palla verso C.
4. C trasmette a B, che si muove centralmente per ricevere.
5. B gioca palla di ritorno sulla corsa di C.
6. C conclude da fuori area di rigore.

Fonte: sessioni di allenamento di Pep Guardiola al Barcellona B (2007-08)

Rondos

Dalle sessioni di allenamento di Pep Guardiola

"Tutto ciò che succede in partita, escluso il tiro in porta, può essere riprodotto attraverso i rondos. Competitività, creazione dello spazio, fase di possesso e di non possesso palla, giocate di prima intenzione, smarcamento da un avversario in pressione e riconquista del possesso."

Johan Cruyff
(Leggendario allenatore di Ajax e Barcellona)

Esercitazioni di Pep Guardiola: rondos

1. Rondo 3 c 1 nel triangolo con giocate rasoterra e palle alte

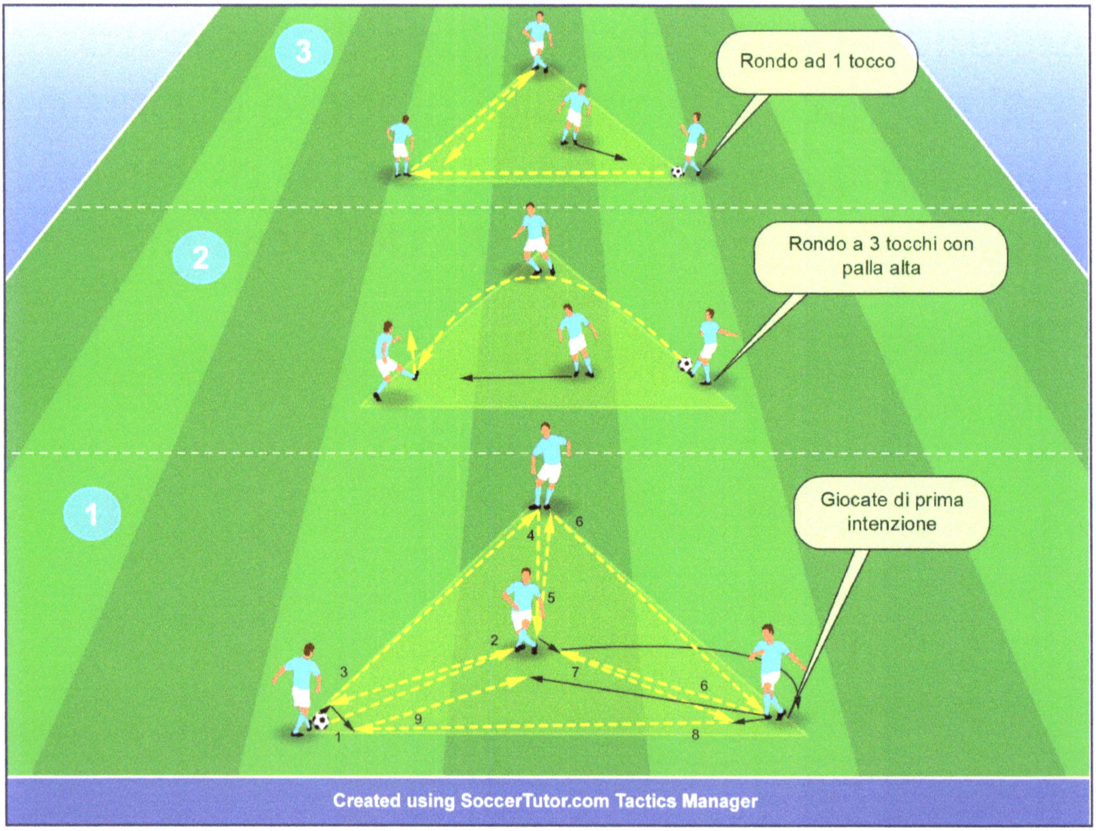

Fase 1 (Attivazione)

- I giocatori sono divisi a gruppi di 4 e si scaglionano a triangolo con un compagno nel mezzo. Gli esterni sono distanti 4 - 5 m tra loro.

- Il giocatore nel mezzo può sia giocare di prima intenzione verso gli esterni, sia combinare 1-2 con ognuno di loro.

- Dopo alcune sequenze, chi si trova al centro, scambia posizione con uno dei compagni all'esterno.

- La direzione di gioco deve variare spesso, in senso orario e antiorario.

Fase 2 (Rondo a 3 tocchi con palla alta)

- I giocatori svolgono un rondo con palla alta a 3 tocchi (2 palleggi e 1 passaggio al volo); devono usare 1 tocco, oppure 2 solo quando necessario.

Fase 3 (Rondo classico)

- I giocatori svolgono un rondo classico 3 c 1 ad 1 tocco.

Fonte: sessione di allenamento di Pep Guardiola al Man City - Etihad Campus Training Ground, Manchester - 17 Agosto 2018

Esercitazioni di Pep Guardiola: rondos

2. Rondo 4 c 2 nel quadrato

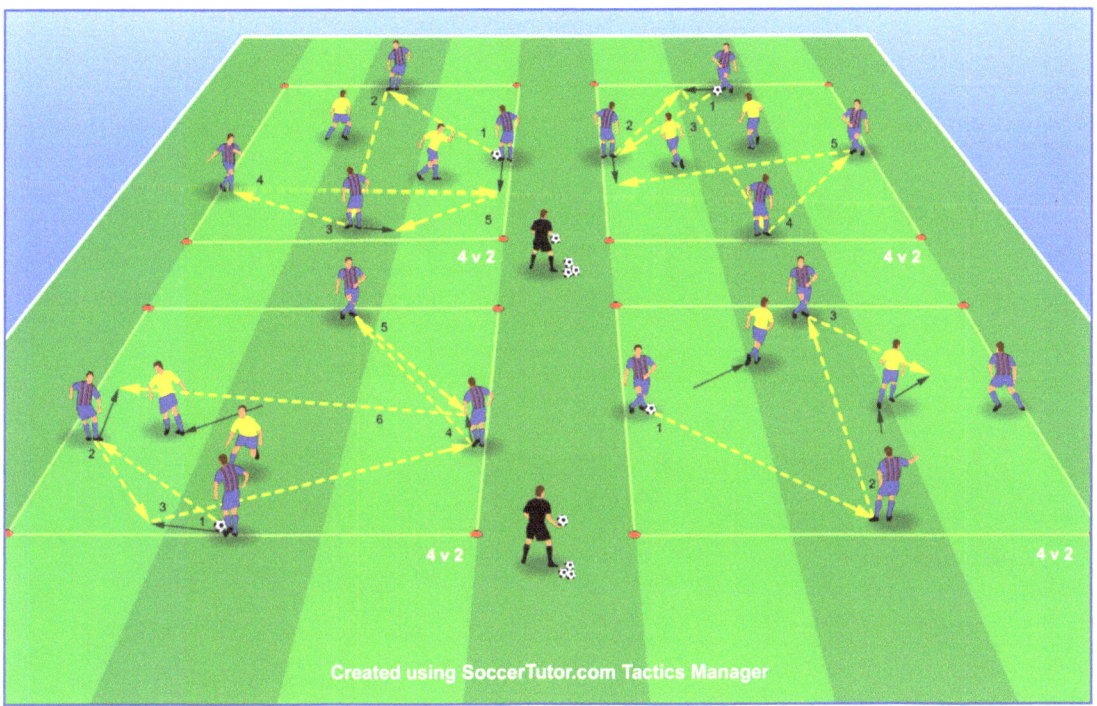

Descrizione

- I giocatori sono divisi a gruppi di 6, all'interno di un'area di 10 x 10 m.

- Ogni lato è coperto da 1 giocatore della squadra in possesso; la posizione è esterna rispetto a quella della palla, ma comunque interna all'area di gioco.

- Gli esterni devono mantenere il possesso, giocando di prima intenzione.

- Gli altri 2 giocatori interni (gialli) difendono insieme, cercando di chiudere gli angoli di passaggio e conquistare il possesso.

- Chi perde palla scambia il ruolo con l'avversario che l'ha conquistata.

Fonte: sessioni di allenamento di Pep Guardiola al Barcellona B (2007-08)

Esercitazioni di Pep Guardiola: rondos

3. Rondo 4 c 2 nel rettangolo

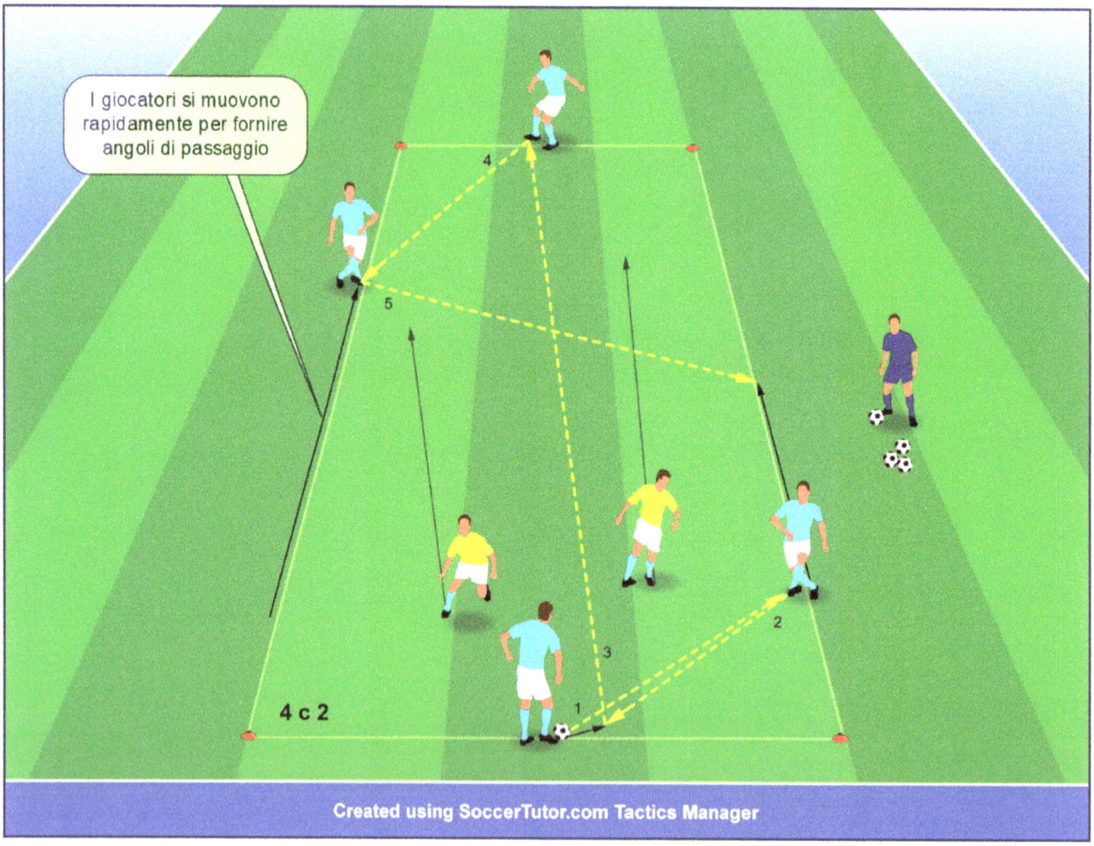

Descrizione

- I giocatori sono divisi a gruppi di 6, all'interno di un'area di 3 x 10m.

- Ogni lato è coperto da 1 giocatore della squadra in possesso; la posizione è esterna rispetto a quella della palla, ma comunque interna all'area di gioco.

- Gli esterni devono mantenere il possesso, giocando di prima intenzione, oppure con 2 tocchi.

- I 2 giocatori sui lati lunghi del rettangolo devono creare angoli di passaggio per i compagni che agiscono lungo quelli corti, muovendosi costantemente tra i coni.

- Gli altri 2 giocatori interni (gialli) difendono insieme, cercando di chiudere gli angoli di passaggio e conquistare il possesso.

- Chi perde palla scambia il ruolo con l'avversario che l'ha conquistata.

Fonte: sessione di allenamento di Pep Guardiola al Man City - Etihad Campus Training Ground, Manchester

"La gente pensa ancora che i rondos siano puro divertimento. No! Sono esercitazioni incredibili. Si gioca con entrambi i piedi, si deve guardare verso la seconda linea, si gioca verso l'interno, si invita la pressione dell'avversario e quando è vicino...pam! Si trasmette palla verso la parte opposta... Sono senza fine. I rondos permettono l'invenzione di sviluppi infiniti."

"I rondos non sono sfizi. Sono...giocare col destro, col sinistro, osservazione, aprire spazi, superare la pressione, trasmettere oltre la linea di pressione e verso un compagno smarcato. I rondos sono straordinari."

Xavi
(Leggendario ex giocatore del Barcellona FC e della nazionale spagnola)

Esercitazioni di Pep Guardiola: rondos

4. Rondo 5 c 2 nel quadrato

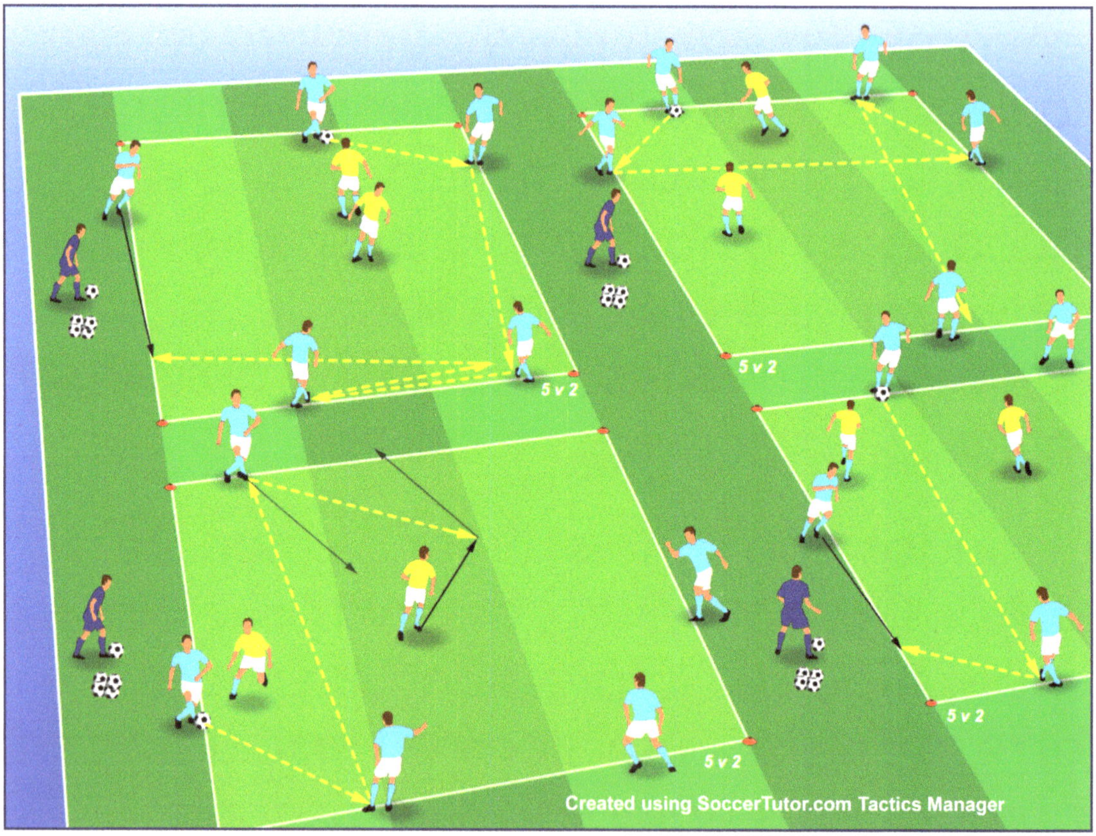

Descrizione

- I giocatori sono divisi a gruppi di 7, all'interno di un'area di 10 x 10m.

- 3 lati della struttura sono coperti da 1 giocatore, mentre il quarto da 2; la loro posizione è esterna rispetto a quella della palla, ma comunque interna all'area di gioco.

- I 5 esterni devono mantenere il possesso, giocando di prima intenzione.

- Gli altri 2 giocatori interni (gialli) difendono insieme, cercando di chiudere gli angoli di passaggio e conquistare il possesso.

- Chi perde palla scambia il ruolo con l'avversario che l'ha conquistata.

Fonte: sessione di allenamento di Pep Guardiola al Man City - Etihad Campus Training Ground, Manchester - 12 Febbraio 2018

Esercitazioni di Pep Guardiola: rondos

5. Rondo 6 c 2 nel rettangolo

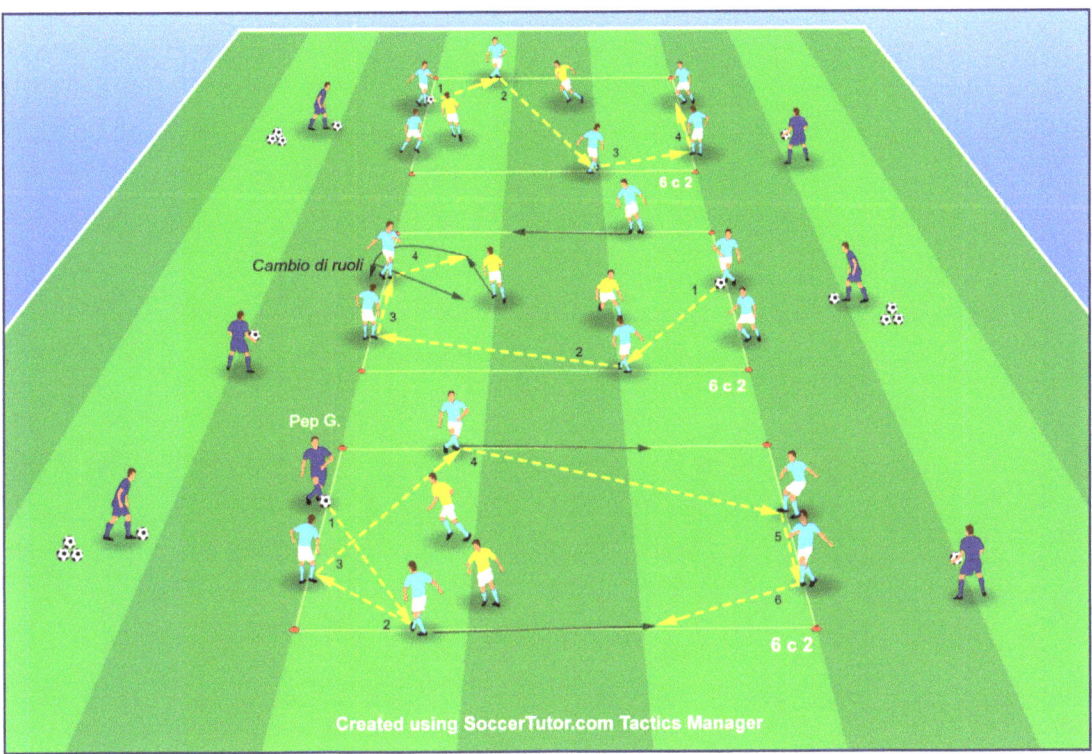

Descrizione

- I giocatori sono divisi a gruppi di 8, all'interno di un'area di 5 x 10m.

- 2 lati della struttura sono coperti da 2 giocatori ciascuno, mentre gli altri 2 da 1; la loro posizione è esterna rispetto a quella della palla, ma comunque interna all'area di gioco.

- I 6 esterni devono mantenere il possesso, giocando di prima intenzione.

- I 2 giocatori sui lati lunghi del rettangolo devono creare angoli di passaggio per i compagni che agiscono lungo quelli corti, muovendosi costantemente lungo le linee.

- Gli altri 2 giocatori interni (gialli) difendono insieme, cercando di chiudere gli angoli di passaggio e conquistare il possesso.

- Chi perde palla scambia il ruolo con l'avversario che l'ha conquistata.

Fonte: sessione di allenamento di Pep Guardiola al Man City - Etihad Campus Training Ground, Manchester - 12 Luglio 2017

Esercitazioni di Pep Guardiola: rondos

6. Rondo 7 c 2 nel quadrato

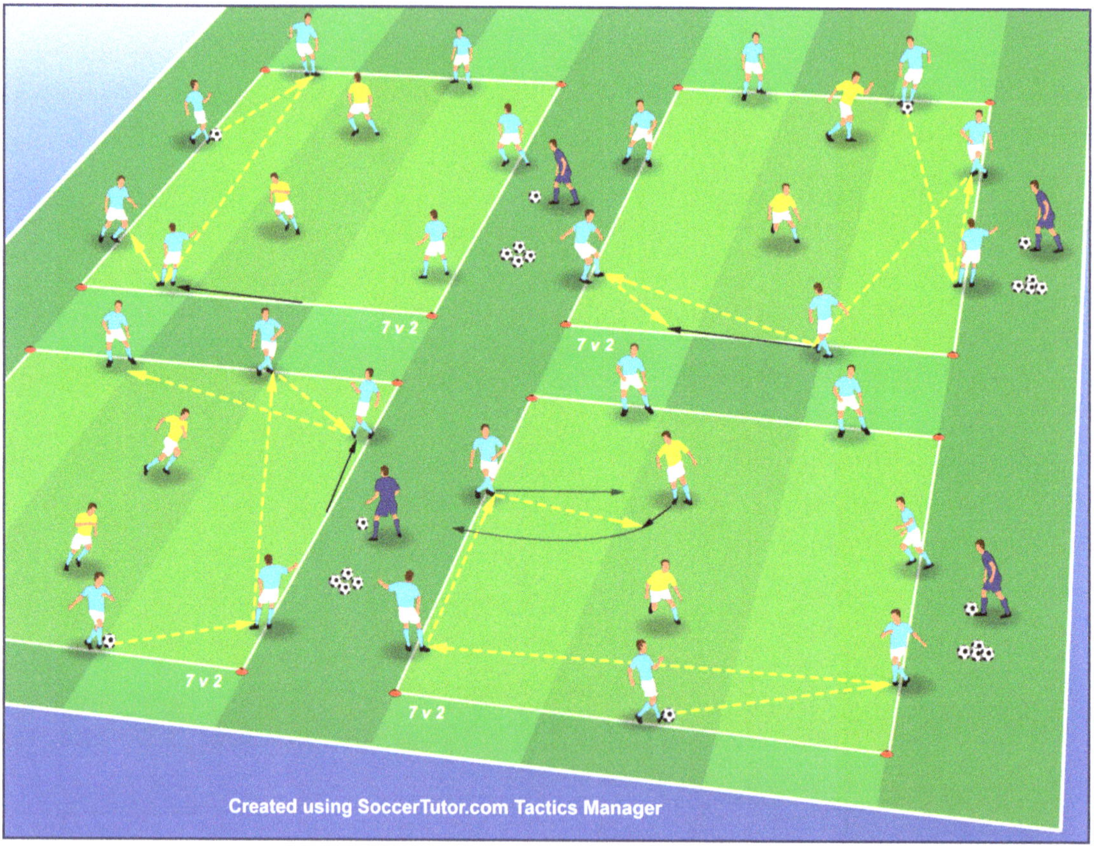

Descrizione

- I giocatori sono divisi a gruppi di 9, all'interno di un'area di 10 x 10m.

- 3 lati della struttura sono coperti da 2 giocatori ciascuno, mentre il quarto da 1; la loro posizione è esterna rispetto a quella della palla, ma comunque interna all'area di gioco.

- I 7 esterni devono mantenere il possesso, giocando di prima intenzione.

- Gli altri 2 giocatori interni (gialli) difendono insieme, cercando di chiudere gli angoli di passaggio e conquistare il possesso.

- Chi perde palla scambia il ruolo con l'avversario che l'ha conquistata.

Fonte: sessione di allenamento di Pep Guardiola al Man City - Etihad Campus Training Ground, Manchester - Pre-campionato 2016

"Juegos de Posición" (Giochi di posizione) e possessi palla

Dalle sessioni di allenamento di Pep Guardiola

Esercitazioni di Pep Guardiola: giochi di posizione e di possesso

"Ciò che voglio, fondamentalmente, è avere la palla, cercare di giocare il più offensivamente possibile e dominare il gioco attraverso il possesso. Sono cresciuto così; avevo la stessa idea da giocatore e alleno nello stesso modo."

Esercitazioni di Pep Guardiola: giochi di posizione e di possesso

IL GIOCO DI POSIZIONE DI PEP GUARDIOLA (JUEGO DE POSICIÓN)

- Sfruttare gli spazi in fase di possesso e coprirli in fase di non possesso
- Le opzioni di passaggio sono determinate dalla posizione della palla e i giocatori si muovono in base ad essa
- Mantenere le corrette distanze, tra un giocatore e l'altro, in relazione alla loro posizione e ai flussi di gioco
- Controllare il possesso
- Giocatori posizionati all'interno di zone specifiche
- Muovere la difesa avversaria
- Creare spazi e linee di passaggio (triangoli)
- Posizionare giocatori tra le linee
- Rompere le linee avversarie attraverso passaggi in avanti
- Trasmettere in avanti verso un compagno, nello spazio, per far avanzare l'azione, oppure verso un compagno, che abbia tempo e spazio a disposizione, per ricevere e trasmettere nuovamente
- Il corretto posizionamento è un elemento chiave di una struttura definita (organizzazione di squadra)
- Gli "Half Spaces" (vedere la pagina successiva) e la rapida riconquista della palla", subito dopo averla persa, derivano dal Juego de Posición

Fonte: Luca Bertolini, allenatore UEFA B ed autore di libri per l'allenamento del calcio - www.lucamistercalcio.com

Esercitazioni di Pep Guardiola: giochi di posizione e di possesso

1. Gioco di posizione 3 c 3 (+2) per possesso palla e transizioni

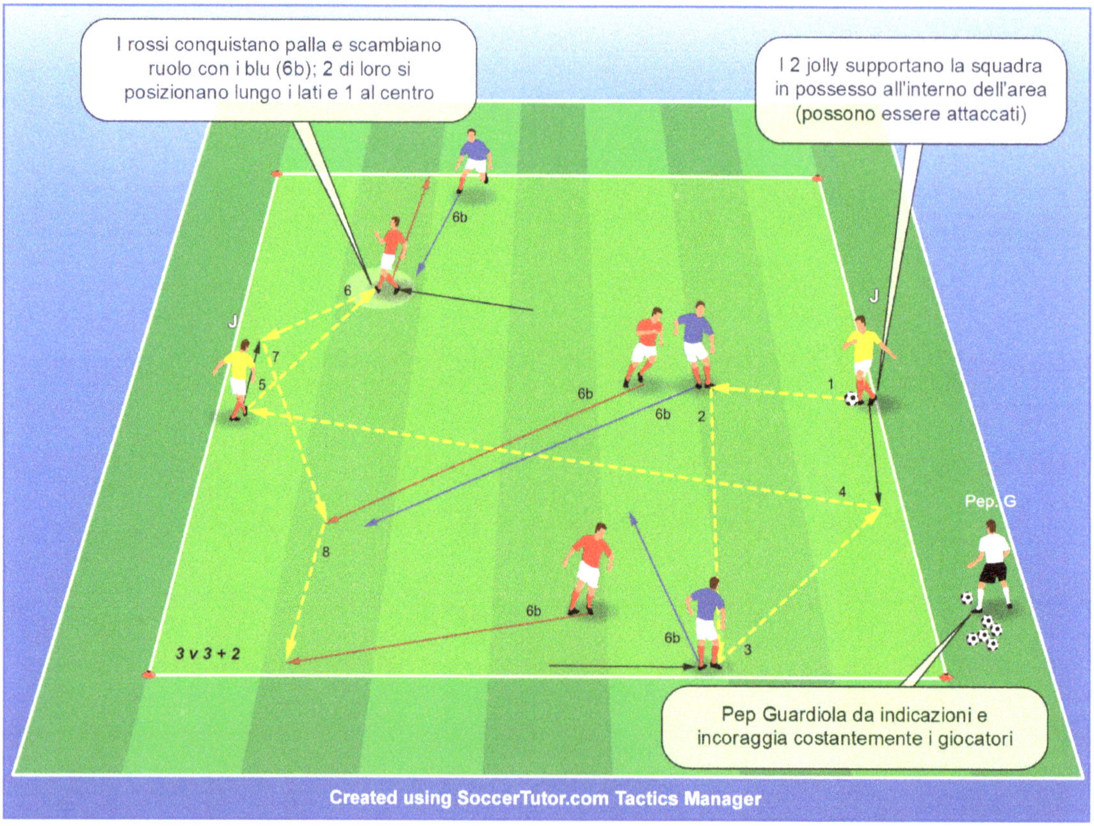

Descrizione

- 2 squadre di 3 giocatori (blu e rossi) e 2 jolly in maglia gialla, che supportano quella in possesso, sono posizionati all'interno di un'area 11 x 11 m.

- 2 giocatori in maglia blu sono posizionati su 2 lati opposti ed un terzo agisce all'interno del quadrato.

- I jolly in maglia gialla sono posizionati sui 2 lati restanti.

- L'assistente, oppure un jolly, inizia l'esercitazione; i blu devono mantenere il possesso con l'aiuto dei 2 jolly in maglia gialla.

- I rossi difendono insieme, portando pressione e chiudendo gli angoli di passaggio, per conquistare palla; se riescono, le squadre invertono i ruoli.

- Tutti i giocatori blu agiscono ora all'interno per cercare la riconquista immediata del possesso (contro-pressing).

- I rossi si scaglionano per mantenere il possesso, con l'aiuto dei 2 jolly gialli.

Fonte: sessione di allenamento di Pep Guardiola al Bayern Monaco - Säbener Strasse Trainingsgelände, Monaco

Esercitazioni di Pep Guardiola: giochi di posizione e di possesso

2. Gioco di posizione 4 c 4 (+2) ad alta intensità per possesso palla e transizioni

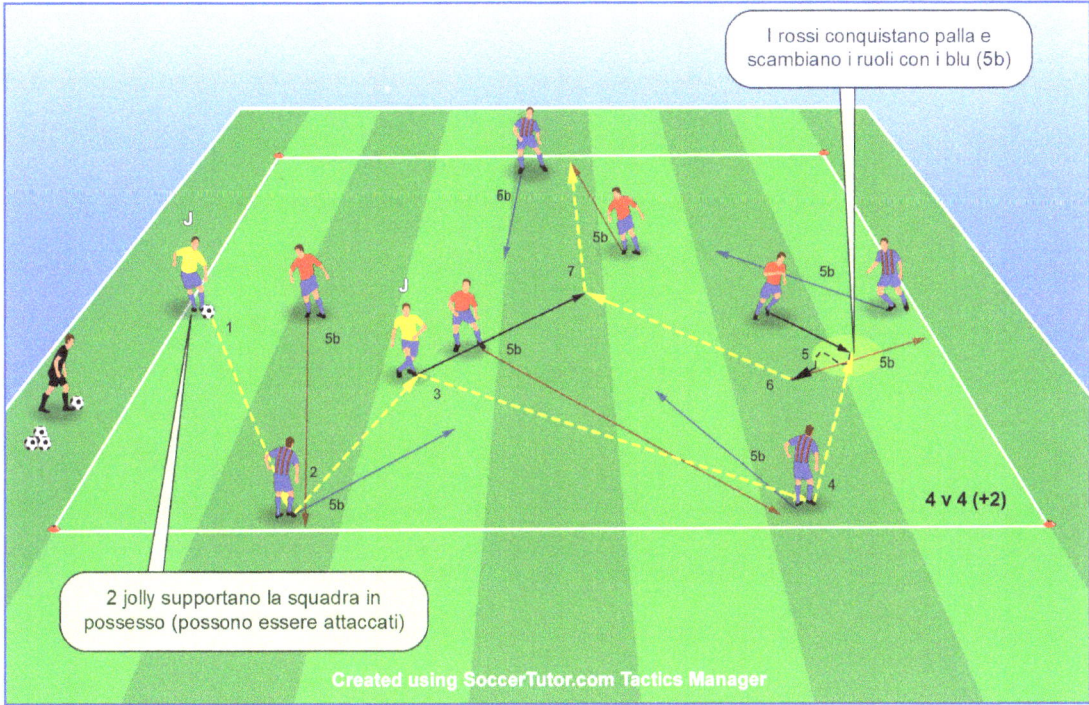

I giocatori svolgono 2 serie da 12' ciascuna, con 2'-3' di recupero tra le serie. Questa esercitazione ad alto ritmo porta i battiti cardiaci a 120 bpm.

Descrizione

- 2 squadre di 4 giocatori (blu e rossi) e 2 jolly in maglia gialla, che supportano quella in possesso, sono posizionati all'interno di un'area 14 x 18 m.
- I giocatori sono limitati ad un massimo di 2 tocchi.
- I 4 giocatori blu sono posizionati sui lati, mentre quelli rossi agiscono all'interno dell'area. 2 jolly sono posizionati lungo uno dei lati (1) e nel mezzo (1).

- I blu si scaglionano per mantenere il possesso, con l'aiuto dei 2 jolly gialli.
- I rossi difendono insieme, portando pressione e chiudendo gli angoli di passaggio, per conquistare palla; se riescono, le squadre invertono i ruoli.
- Tutti i giocatori blu agiscono ora all'interno per cercare la riconquista immediata del possesso (contro-pressing).
- I rossi si scaglionano per mantenere il possesso, con l'aiuto dei 2 jolly gialli.

Fonte: sessioni di allenamento di Pep Guardiola al Barcellona B (2007-08)

Esercitazioni di Pep Guardiola: giochi di posizione e di possesso

3. Gioco di posizione 5 (+2) c 3 per possesso palla

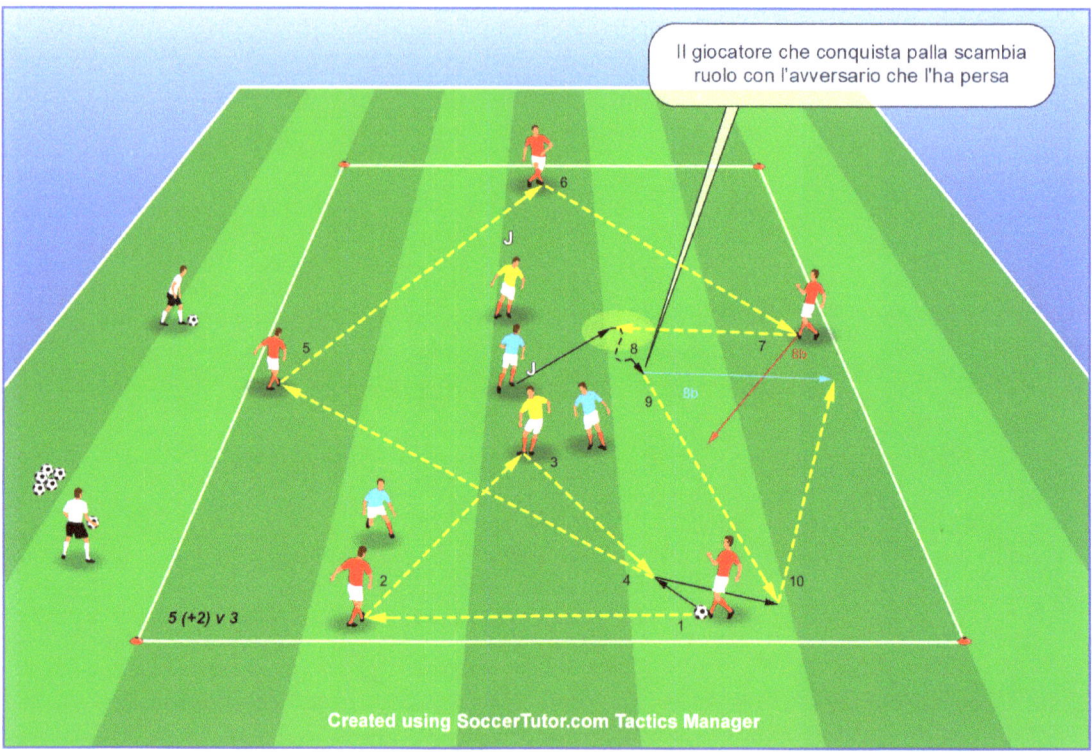

Descrizione

- 5 giocatori rossi, 3 blu e 2 jolly in maglia gialla, che supportano la squadra in possesso, sono posizionati all'interno di un'area 11 x 14 m.

- I 5 giocatori rossi sono posizionati lungo i lati; uno dei lati corti è coperto da 2 di loro.

- I 3 in maglia blu agiscono all'interno dell'area, così come i 2 jolly gialli.

- I rossi si scaglionano per mantenere il possesso, con l'aiuto dei 2 jolly gialli.

- I blu difendono insieme, portando pressione e chiudendo gli angoli di passaggio, per conquistare il possesso.

- Se un giocatore blu conquista palla, scambia il ruolo con chi l'ha persa e il gioco continua.

Fonte: sessione di allenamento di Pep Guardiola al Bayern Monaco - Säbener Strasse Trainingsgelände, Monaco

Esercitazioni di Pep Guardiola: giochi di posizione e di possesso

4. Gioco di posizione 6 (+2) c 3 per possesso palla

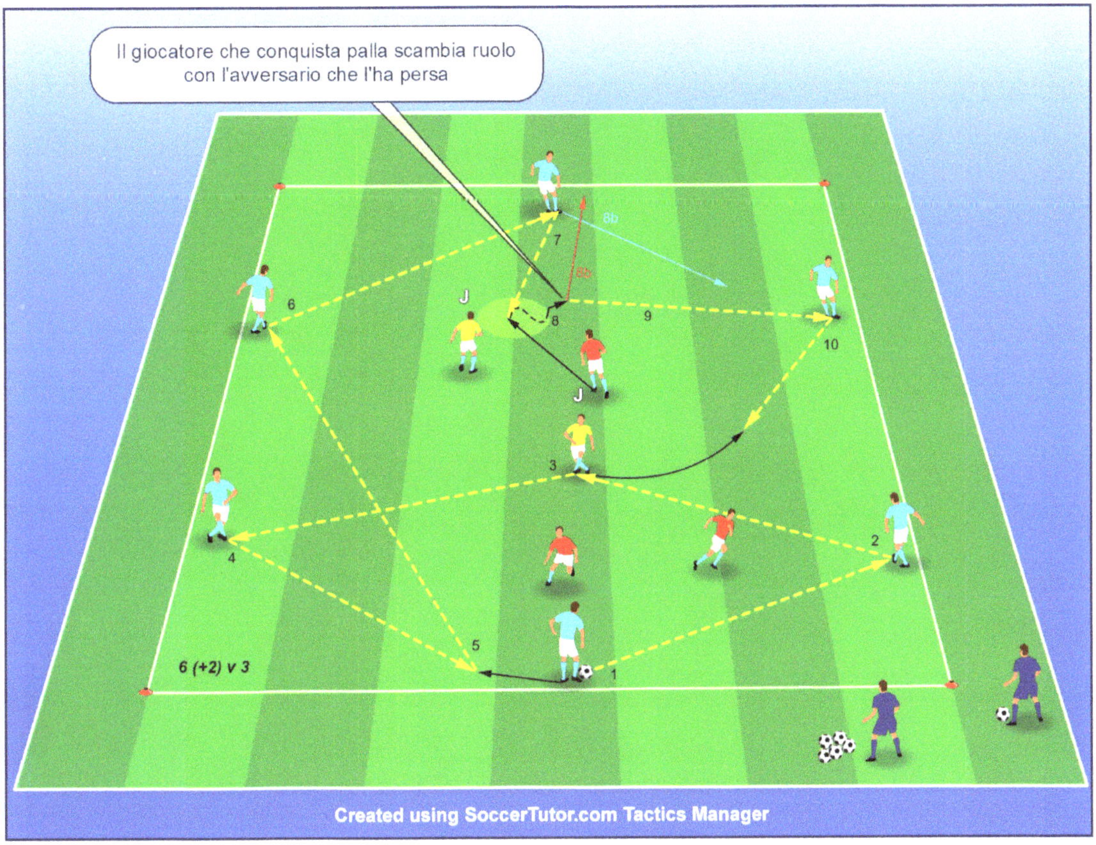

Il giocatore che conquista palla scambia ruolo con l'avversario che l'ha persa

Descrizione

- 6 giocatori blu, 3 rossi e 2 jolly in maglia gialla, che supportano la squadra in possesso, sono posizionati all'interno di un'area 14 x 14 m.

- I 6 giocatori blu sono posizionati lungo i lati; 4 di loro coprono 2 lati del quadrato.

- I 3 in maglia rossa agiscono all'interno dell'area, così come 2 jolly gialli.

- I blu si scaglionano per mantenere il possesso, con l'aiuto dei 2 jolly gialli.

- I rossi difendono insieme, portando pressione e chiudendo gli angoli di passaggio, per conquistare il possesso.

- Se un giocatore rosso conquista palla, scambia il ruolo con chi l'ha persa e il gioco continua.

Fonte: sessione di allenamento di Pep Guardiola al Man City - Etihad Campus Training Ground, Manchester - Pre-campionato 2016

Esercitazioni di Pep Guardiola: giochi di posizione e di possesso

5. Gioco di posizione 4 c 4 (+3) per possesso palla e transizioni

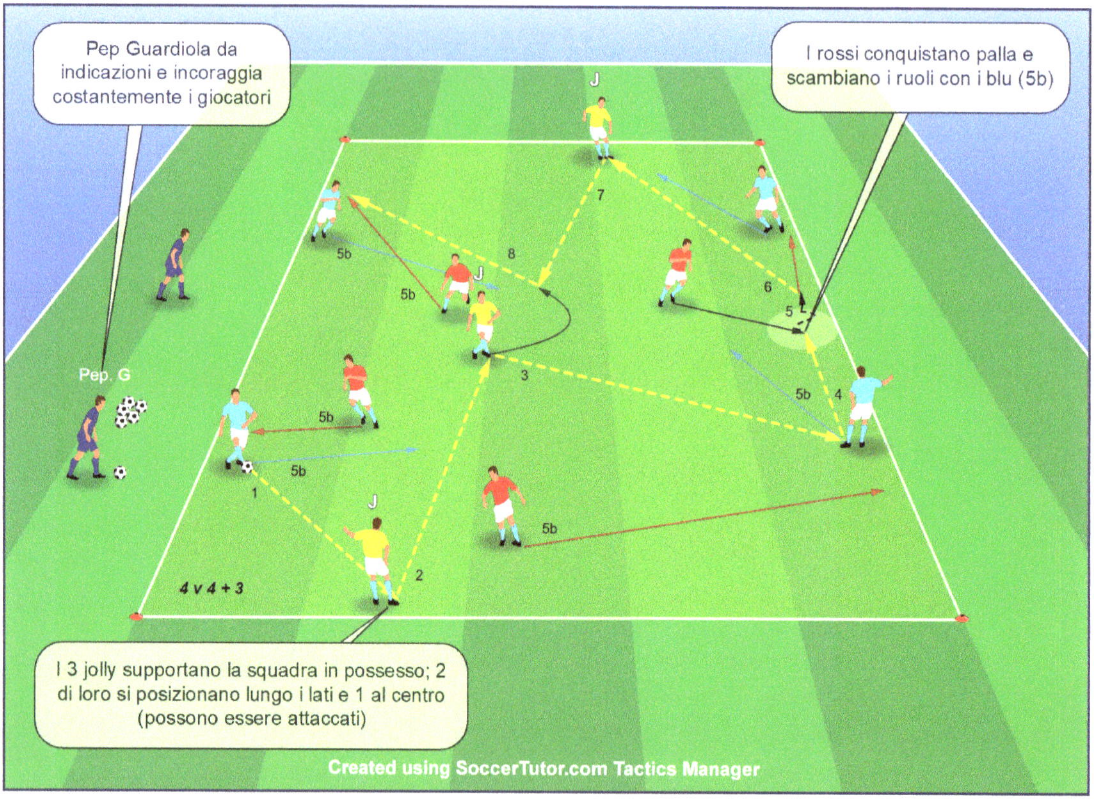

Descrizione

- 2 squadre di 4 giocatori (blu e rossi) e 3 jolly in maglia gialla, che supportano quella in possesso, sono posizionati all'interno di un'area 11 x 14 m.

- I 4 giocatori blu sono posizionati sul lato lungo (2 per lato), mentre quelli rossi agiscono all'interno dell'area. 2 jolly sono posizionati lungo i lati corti della struttura ed il 3° agisce nel mezzo.

- L'assistente, oppure un jolly, inizia l'esercitazione; i blu devono mantenere il possesso con l'aiuto dei 3 jolly in maglia gialla.

- I rossi difendono insieme, portando pressione e chiudendo gli angoli di passaggio, per conquistare il possesso.

- Se conquistano palla, le squadre invertono i ruoli.

- Tutti i giocatori blu agiscono ora all'interno per cercare la riconquista immediata del possesso (contro-pressing).

- I rossi si scaglionano per mantenere il possesso, con l'aiuto dei 3 jolly gialli.

Fonte: sessione di allenamento di Pep Guardiola al Man City - Etihad Campus Training Ground, Manchester

Esercitazioni di Pep Guardiola: Giochi di posizione e di possesso

6. Gioco di posizione 5 c 5 (+3) per possesso palla e transizioni

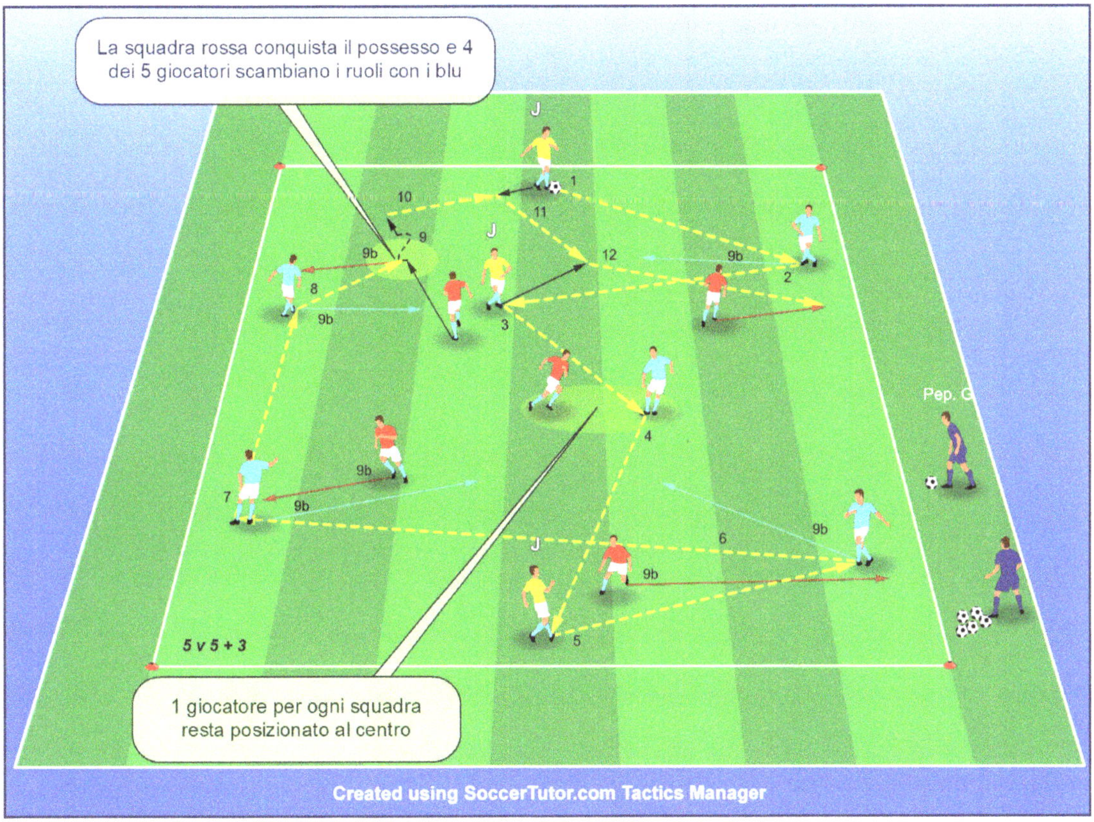

La squadra rossa conquista il possesso e 4 dei 5 giocatori scambiano i ruoli con i blu

5 v 5 + 3

1 giocatore per ogni squadra resta posizionato al centro

Nota: 1 giocatore per squadra resta posizionato al centro durante tutta la durata dell'esercitazione.

Descrizione

- 2 squadre di 5 giocatori (blu e rossi) e 3 jolly in maglia gialla, che supportano quella in possesso, sono posizionati all'interno di un'area 18 x 18 m.

- 2 giocatori blu sono posizionati su 2 dei 4 lati della struttura (2 per lato) della struttura; il 5° agisce nel mezzo. I 5 in maglia rossa agiscono all'interno dell'area, 2 jolly sono posizionati lungo i lati restanti della struttura ed il 3° agisce nel mezzo.

- I blu si scaglionano per mantenere il possesso, con l'aiuto dei 3 jolly gialli.

- I rossi difendono insieme, portando pressione e chiudendo gli angoli di passaggio, per conquistare il possesso; se riescono, 4 di loro scambiano i ruoli con i 4 blu esterni.

- I 4 blu agiscono ora all'interno per cercare la riconquista immediata della palla (contro-pressing). I 4 rossi si scaglionano in ampiezza e cercano il mantenimento del possesso, con l'aiuto dei jolly e del 5° compagno nel mezzo.

Fonte: sessione di allenamento di Pep Guardiola al Man City - Etihad Campus Training Ground, Manchester

Esercitazioni di Pep Guardiola: giochi di posizione e di possesso

7. Gioco di posizione 6 c 6 (+4) per possesso palla e transizioni

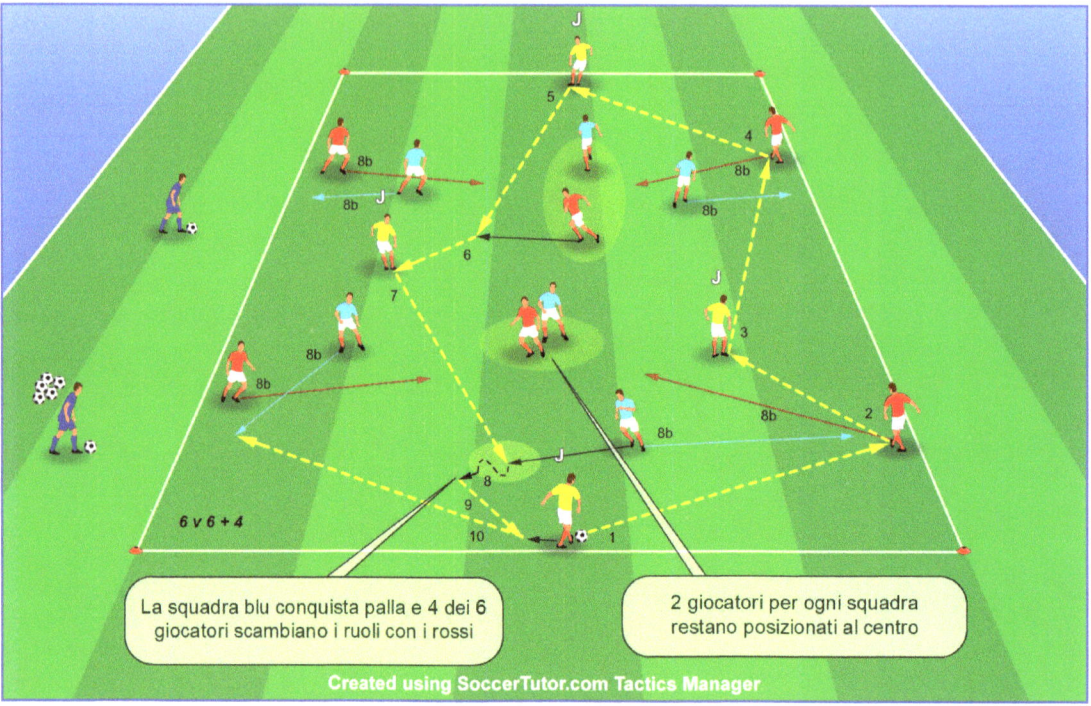

La squadra blu conquista palla e 4 dei 6 giocatori scambiano i ruoli con i rossi

2 giocatori per ogni squadra restano posizionati al centro

Nota: 2 giocatori per squadra restano posizionati al centro durante tutta la durata dell'esercitazione.

Descrizione

- 2 squadre di 6 giocatori (blu e rossi) e 4 jolly in maglia gialla, che supportano quella in possesso, sono posizionati all'interno di un'area 18 x 27 m.

- 4 giocatori rossi sono posizionati lungo i lati lunghi della struttura (2 per lato) e 2 agiscono all'interno. I 6 in maglia blu agiscono all'interno dell'area. 2 jolly sono posizionati lungo i lati corti della struttura e gli altri 2 agiscono nel mezzo.

- L'assistente, oppure un jolly, inizia l'esercitazione; i rossi devono mantenere il possesso con l'aiuto dei 4 jolly in maglia gialla.

- I blu difendono insieme, portando pressione e chiudendo gli angoli di passaggio, per conquistare il possesso.

- Se riescono a conquistare palla, 4 di loro scambiano i ruoli con gli esterni rossi.

- Tutti i giocatori blu agiscono all'interno per cercare la riconquista immediata del possesso (contro-pressing).

- I 4 blu si scaglionano in ampiezza e cercano il mantenimento del possesso, con l'aiuto dei jolly e dei compagni nel mezzo.

Fonte: sessione di allenamento di Pep Guardiola al Bayern Monaco - Säbener Strasse Trainingsgelände, Monaco

Esercitazioni di Pep Guardiola: giochi di posizione e di possesso

8. Gioco di posizione 8 c 8 (+3) per possesso e transizioni

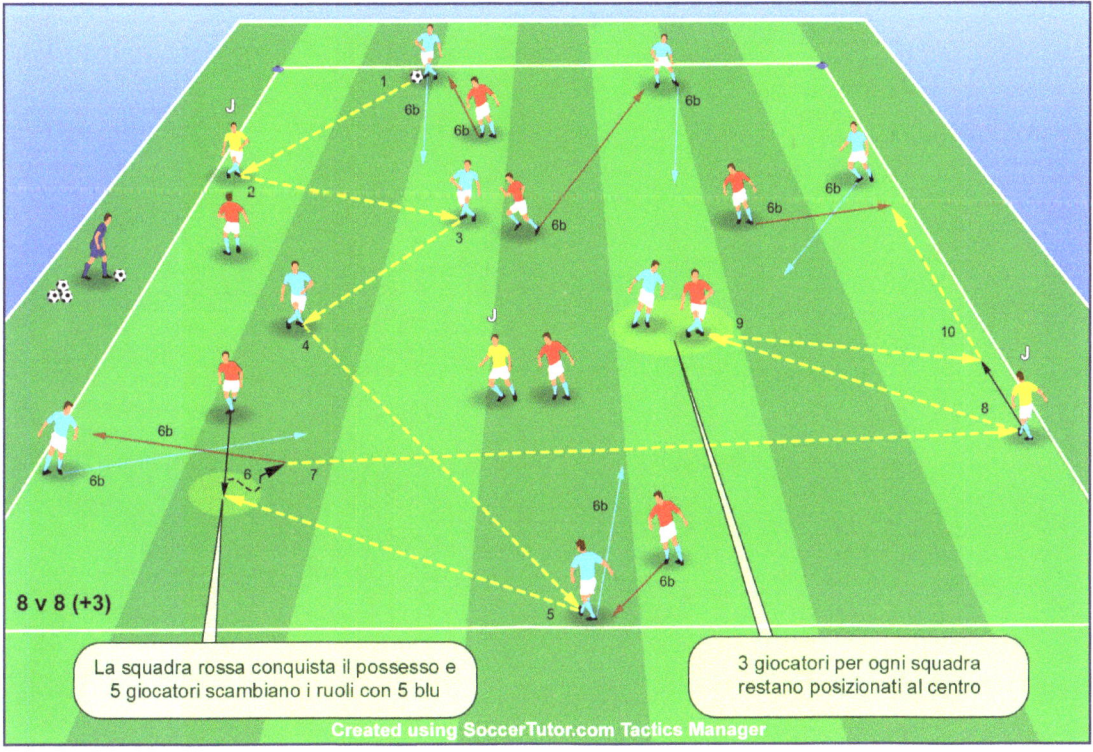

La squadra rossa conquista il possesso e 5 giocatori scambiano i ruoli con 5 blu

3 giocatori per ogni squadra restano posizionati al centro

Nota: 3 giocatori per squadra restano posizionati al centro durante tutta la durata dell'esercitazione.

Descrizione

- 2 squadre di 8 giocatori (blu e rossi) e 3 jolly in maglia gialla, che supportano quella in possesso, sono posizionati all'interno di un'area 18 x 18 m.

- 5 giocatori blu sono posizionati lungo i lati (2 su 1) e 3 agiscono all'interno dell'area. 2 jolly sono posizionati sui lati corti e 1 nel mezzo. Gli 8 in maglia rossa agiscono all'interno dell'area.

- I blu si scaglionano per mantenere il possesso, con l'aiuto dei 3 jolly gialli.

- I rossi difendono insieme, portando pressione e chiudendo gli angoli di passaggio, per conquistare il possesso.

- Se riescono a conquistare palla, 5 di loro scambiano i ruoli con gli esterni blu.

- I giocatori esterni blu agiscono ora all'interno per cercare la riconquista immediata del possesso (contro-pressing).

- I 5 rossi si scaglionano in ampiezza e cercano il mantenimento del possesso, con l'aiuto dei jolly e dei 3 compagni nel mezzo.

Fonte: sessione di allenamento di Pep Guardiola al Man City - Etihad Campus Training Ground, Manchester - 14 Luglio 2016

Esercitazioni di Pep Guardiola: giochi di posizione e di possesso

9. Possesso palla a 3 squadre per transizioni rapide

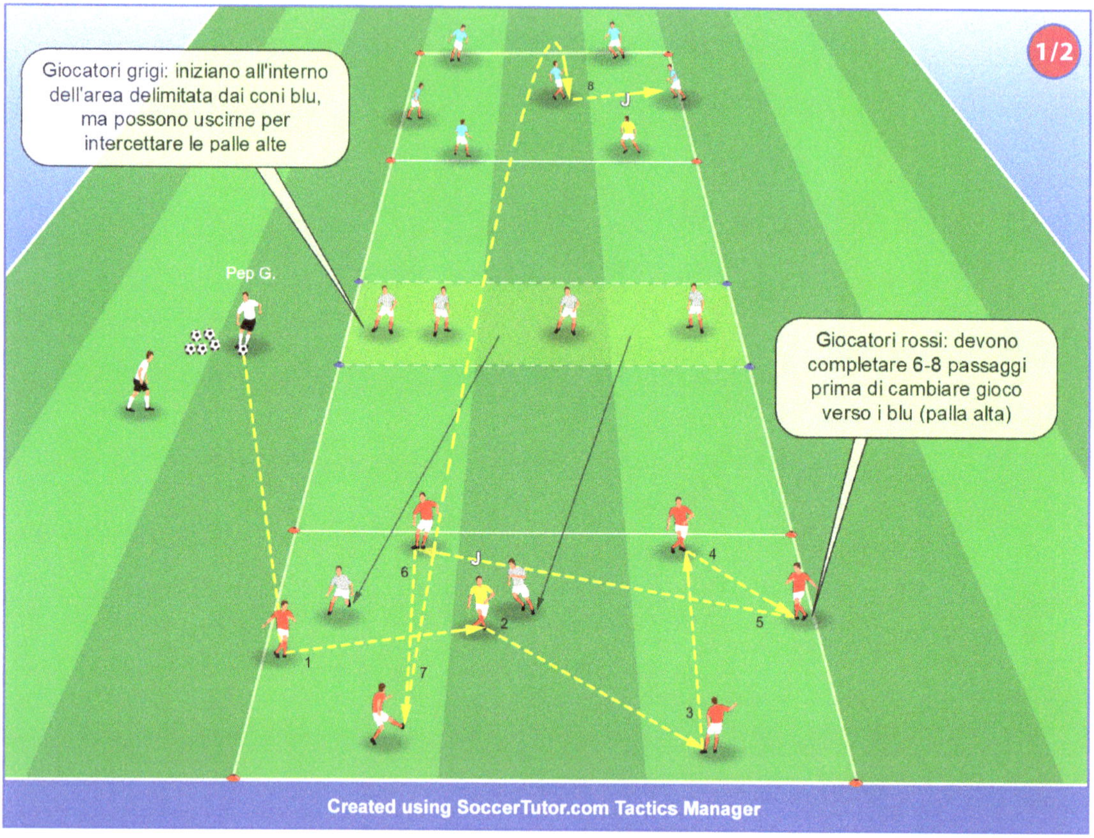

All'interno di un'area 14 x 41 m, vengono delimitate 2 zone esterne in profondità di 14 x 9 m ciascuna. L'area centrale diventa quindi 14 x 23 m.

Descrizione 1/2

1. L'allenatore (Pep G.) inizia l'azione, giocando palla alla squadra rossa. 2 giocatori in maglia grigia si portano verso la zona in profondità dal centro, creando una situazione 6 (+1) c 2.

2. La squadra rossa deve completare 6-8 passaggi, prima di poter cambiare gioco, trasmettendo palla alta verso la squadra blu.

I 2 giocatori grigi cercano la conquista del possesso; se riescono, scambiano i ruoli con i rossi.

3. I giocatori in maglia grigia nel mezzo possono ora agire al di fuori della zona di partenza, per intercettare il passaggio alto; se riescono, scambiano i ruoli con i rossi.

4. In questo esempio, un giocatore blu riceve palla alta, all'interno della propria zona in profondità.

Fonte : sessione di allenamento di Pep Guardiola al Bayern Monaco - Doha, Qatar - 8 Gennaio 2016

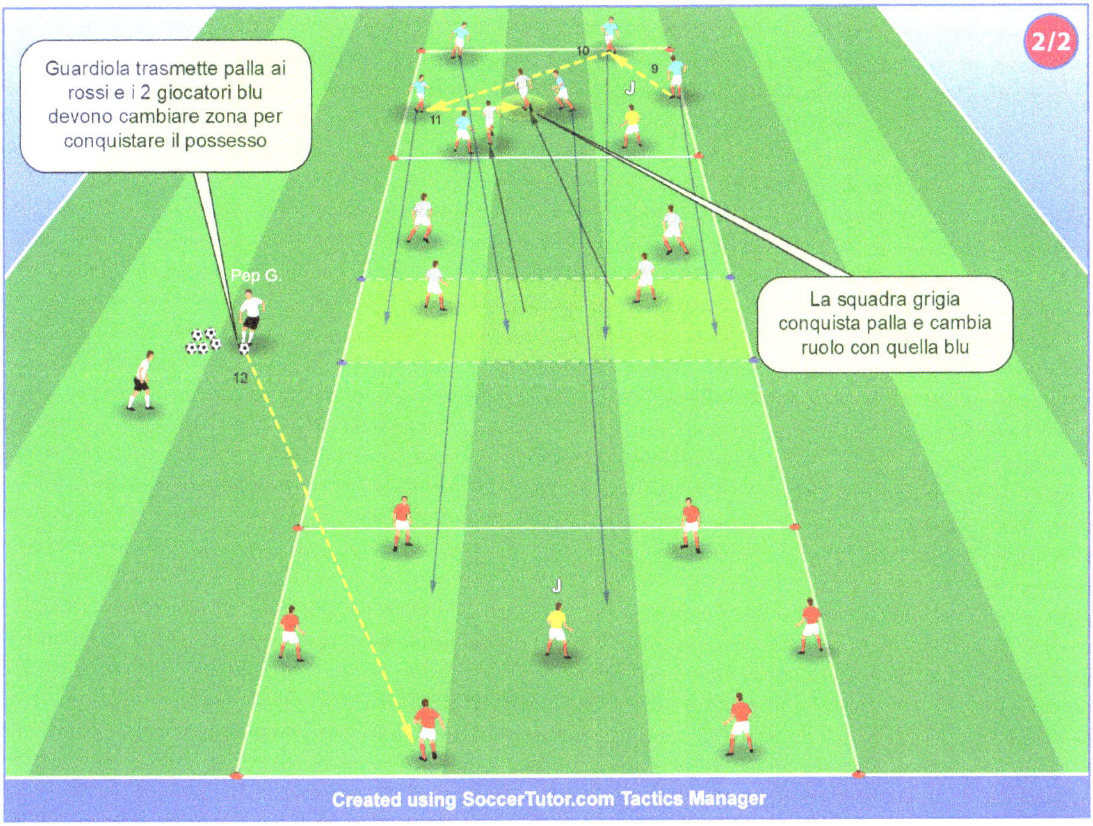

Esercitazioni di Pep Guardiola: giochi di posizione e di possesso

(Diagramma del campo)

- Guardiola trasmette palla ai rossi e i 2 giocatori blu devono cambiare zona per conquistare il possesso
- Pep G.
- La squadra grigia conquista palla e cambia ruolo con quella blu

La descrizione dell'esercitazione prosegue dalla pagina precedente...

Descrizione 2/2

5. I 2 giocatori grigi si portano all'interno della zona in profondità. Una nuova situazione 6 (+1) c 2 viene quindi creata.

6. La squadra blu deve completare 6-8 passaggi, prima di poter cambiare gioco, trasmettendo palla alta verso la squadra rossa.

7. I giocatori grigi cercano la conquista del possesso; quando riescono, come mostrato in figura, scambiano i ruoli con i giocatori blu.

8. L'allenatore (Pep G.) mette in gioco una nuova palla per la squadra rossa, nella zona in profondità opposta.

9. 2 giocatori blu devono muoversi rapidamente attraverso l'area di gioco per agire come difensori, all'interno della nuova situazione 6 (+1) c 2. Gli altri 4 giocatori blu si portano nel mezzo.

10. I 4 giocatori grigi si portano all'interno della zona esterna, in aiuto ai 2 compagni, per ricevere il passaggio con palla alta dai giocatori rossi.

11. L'esercitazione si svolge con continue transizioni ad alta intensità.

Fonte: sessione di allenamento di Pep Guardiola al Bayern Monaco - Doha, Qatar - 8 Gennaio 2016

Esercitazioni di Pep Guardiola: giochi di posizione e di possesso

10. Possesso palla 7 c 7 (+3) con porticine formate da paletti

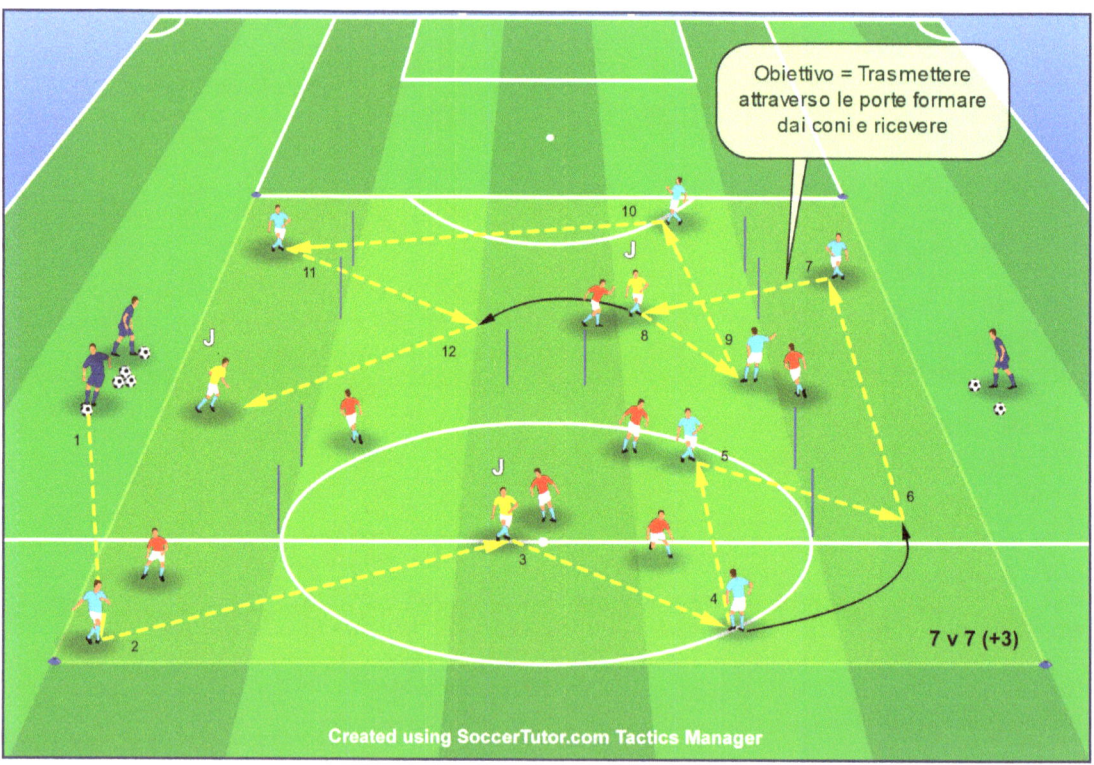

Descrizione

1. L'allenatore (Pep G.) inizia l'azione, giocando palla alla squadra blu.

2. I giocatori blu cercano il mantenimento del possesso in una situazione 7 c 7, con l'aiuto dei 3 jolly, come primo obiettivo.

3. Il secondo scopo della squadra blu è giocare palla attraverso i paletti quante più volte possibili, come mostrato in figura.

4. Se i rossi riescono a conquistare palla, i ruoli delle squadre si invertono.

5. I giocatori della squadra ora in possesso devono trasmettere palla attraverso i paletti quante più volte possibili.

Fonte: sessione di allenamento di Pep Guardiola al Man City - Etihad Campus Training Ground, Manchester - 13 Febbraio 2019

Esercitazioni di Pep Guardiola: giochi di posizione e di possesso

11. Gioco di possesso e transizioni 8 c 8 a 2 zone per conquista del possesso e cambio di lato

Se i gialli conquistano palla e cambiano metà campo, tutti i giocatori tranne 2 gialli cambiano area di gioco

8 v 6

I giocatori svolgono 3 serie da 12 ripetizioni, con 3' di recupero tra le serie.

Descrizione

1. L'allenatore (Pep G.) inizia l'azione, giocando palla alla squadra blu.

2. La squadra in possesso deve mantenere palla, in una situazione 8 c 6, quanto più tempo possibile.

3. Gli 8 giocatori gialli difendono insieme, portando pressione e chiudendo gli angoli di passaggio, per conquistare il possesso.

4. Se riescono, devono trasmettere palla verso i compagni nella metà opposta del campo. I blu cercano la conquista del possesso, subito dopo averlo perso.

5. Se la palla viene ricevuta nella metà opposta del campo, tutti i giocatori, tranne 2, si portano in zona.

6. La stessa situazione 8 c 6 viene nuovamente creata, con la squadra gialla che cerca il mantenimento del possesso il più a lungo possibile, prima di cambiare gioco verso i 2 compagni nella parte opposta.

Fonte: sessioni di allenamento di Pep Guardiola al Barcellona B (2007-08)

Esercitazioni di Pep Guardiola: giochi di posizione e di possesso

12. Possesso palla 9 c 9 (+2 jolly interni)

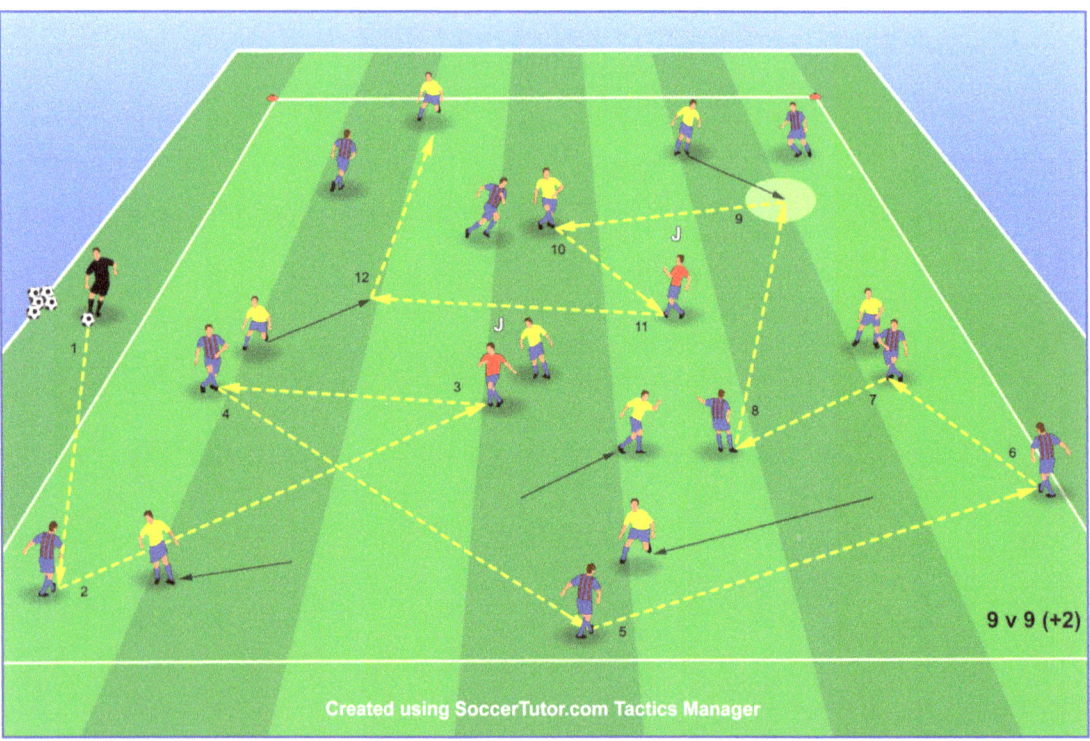

Descrizione

1. L'esercitazione si svolge all'interno di un'area 30 x 40 m ed inizia con il passaggio dell'allenatore verso la squadra blu.

2. I giocatori blu cercano il mantenimento del possesso in una situazione 9 c 9, con l'aiuto dei 2 jolly interni rossi.

3. I giocatori della squadra gialla difendono insieme, portando pressione e chiudendo gli angoli di passaggio, per conquistare il possesso.

4. Se riescono, i ruoli delle squadre si invertono.

5. I giocatori gialli cercano ora il mantenimento del possesso in una situazione 9 c 9, con l'aiuto dei 2 jolly rossi.

6. La squadra che ha perso il possesso agisce rapidamente in transizione negativa, cercando il recupero veloce della palla.

Fonte: sessioni di allenamento di Pep Guardiola al Barcellona B (2007-08)

Esercitazioni di Pep Guardiola: giochi di posizione e di possesso

13. Possesso palla 9 c 9 (+2 jolly esterni)

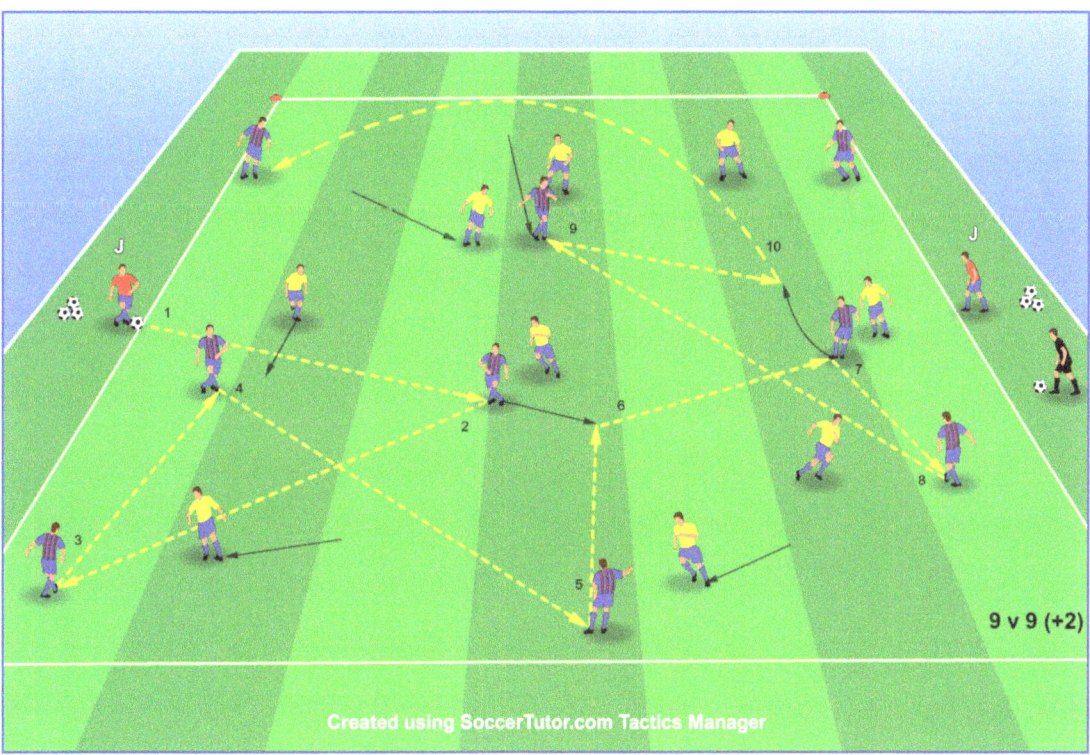

Descrizione

1. L'esercitazione si svolge all'interno di un'area 30 x 40 m ed inizia con il passaggio dell'allenatore verso la squadra blu.

2. I giocatori blu cercano il mantenimento del possesso in una situazione 9 c 9, con l'aiuto dei 2 jolly esterni rossi.

3. I giocatori della squadra gialla difendono insieme, portando pressione e chiudendo gli angoli di passaggio, per conquistare il possesso.

4. Se riescono, i ruoli delle squadre si invertono.

5. I giocatori gialli cercano ora il mantenimento del possesso in una situazione 9 c 9, con l'aiuto dei 2 jolly rossi.

6. La squadra che ha perso il possesso agisce rapidamente in transizione negativa, cercando il recupero veloce della palla.

Fonte: sessioni di allenamento di Pep Guardiola al Barcellona B (2007-08)

Flussi di gioco posizionale offensivo

Dalle sessioni di allenamento di Pep Guardiola al Manchester City

Esercitazioni di Pep Guardiola: flussi di gioco posizionale offensivo

"Mi incuriosisce chi afferma che non è possibile giocare così in Germania o in Premier League, con Silva, Bernardo e Agüero, tutti alti 1,5 m. Invece l'abbiamo fatto, subendo pochi goal e dominando le partite attraverso il gioco di posizione."

Fonte: intervista a Pep Guardiola di Antoni Bassas, per il Daily ARA, pubblicata il 5 Luglio 2019

Esercitazioni di Pep Guardiola: flussi di gioco posizionale offensivo

LA FILOSOFIA OFFENSIVA DI PEP GUARDIOLA: GLI ELEMENTI CHIAVE

- Non lasciare mai la posizione per chiedere palla
- Muovere l'avversario fuori posizione attraverso combinazioni di gioco
- Esterni alti in ampiezza e profondità, lungo le linee laterali del campo, che aspettano di concludere, quando l'avversario è disorganizzato
- Dominare la partita, restando alti sul campo
- Il possesso è solo uno strumento
- Creare situazioni 1 c 1 nelle aree chiave
- Posizionamento strutturato dei giocatori e movimento coordinato
- Corretto posizionamento del corpo per ricevere
- Passaggi corti e precisi
- Utilizzare il "3° uomo" in fase di costruzione per giocare tra le linee avversarie (smarcare un uomo attraverso i triangoli)
- 2 c 4 in attacco, giocatore extra a centrocampo, giocatore extra in difesa, linea difensiva alta
- Giocare con intensità e concentrazione totali, per tutta la durata della partita

Fonte : Perarnau, Martí. Pep Guardiola: The Evolution. Birlinn. Kindle Edizione, 2016

Esercitazioni di Pep Guardiola: flusso di gioco posizionale offensivo

L'1-4-3-3 DEL MANCHESTER CITY

[Campo di gioco con formazione Manchester City 4-3-3]

- **14. Laporte:** difensore centrale sinistro
- **5. Stones:** difensore centrale destro
- **11. Zinchenko:** laterale basso sinistro
- **3. Danilo:** laterale basso destro
- **16. Rodrigo:** centrocampista difensivo
- **47. Foden:** centrocampista offensivo sinistro
- **17. De Bruyne:** centrocampista offensivo destro
- **??. Giocatore non identificato:** esterno alto sinistro
- **20. Bernardo:** esterno alto destro
- **7. Sterling:** attaccante

Fonte: sessione di allenamento di Pep Guardiola al Manchester City - Yokohama International Stadium, Giappone - 26 Luglio 2019

Esercitazioni di Pep Guardiola: flussi di gioco posizionale offensivo

LO SCAGLIONAMENTO OFFENSIVO 2-3-2-3 DEL MANCHESTER CITY (1-4-3-3)

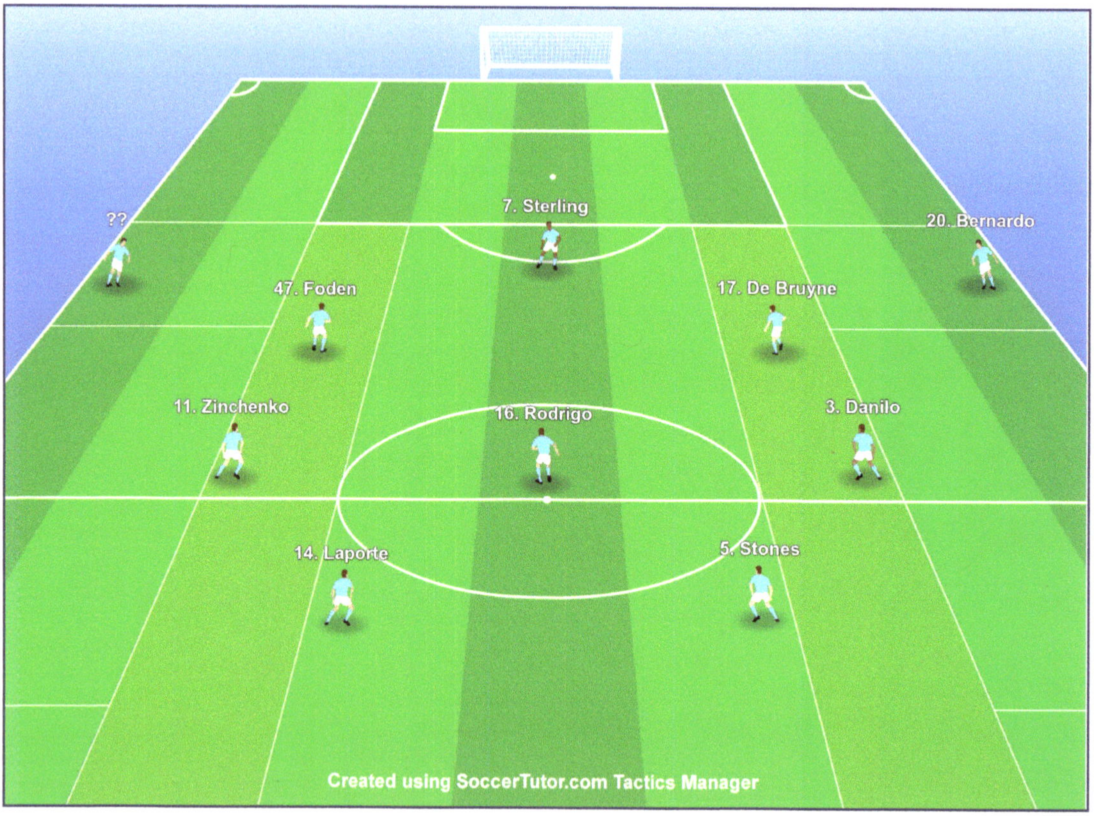

- Il Manchester City di Pep Guardiola si scagliona con un 2-3-2-3, in fase offensiva, creando 4 linee attraverso cui muovere palla.

- I laterali bassi diventano "invertiti" e si posizionano più centralmente, per ricevere all'interno degli "Half Spaces" (corridoi intermedi evidenziati in figura; il Num.11, il Num.47, il Num.3 e il Num.17 sono posizionati al loro interno).

- Il centrocampista difensivo **Rodrigo (16)** può rimanere in posizione centrale, all'interno dello scaglionamento 2-3-2-3, senza la necessità di coprire lo spazio sulla destra o sinistra.

- I 2 esterni alti si posizionano in ampiezza, occupando i difensori avversari e lasciando spazio ai loro compagni di squadra, che possono ricevere palla al centro e negli "Half Spaces."

- I difensori centrali **Laporte (14)** e **Stones (5)** possono ricercare giocate in avanti durante tutta la sessione di allenamento.

Fonte: sessione di allenamento di Pep Guardiola al Manchester City - Yokohama International Stadium, Giappone - 26 Luglio 2019

Esercitazioni di Pep Guardiola: flussi di gioco posizionale offensivo

L'ORGANIZZAZIONE DELL'ALLENAMENTO DI PEP GUARDIOLA

- Questa figura mostra l'impostazione dello spazio in campo che Pep Guardiola utilizza per lavorare sui flussi di gioco posizionale (1-4-3-3), con i laterali bassi invertiti.

- Gli allenatori si posizionano su entrambi i lati con molti palloni, pronti a trasmettere verso i difensori centrali, per iniziare il gioco (fase di costruzione).

- 6 sagome e 5 difensori rossi, in azione passiva, rappresentano la formazione avversaria.

- In ogni posizione, ci sono 2 giocatori (1 blu e 1 giallo), formando 2 squadre da 10 giocatori di movimento, che eseguono la proposta.

- Le 2 squadre lavorano sugli schemi definiti da Pep Guardiola, alternativamente.

- Non appena una squadra conclude il proprio turno, i giocatori tornano verso le posizioni di partenza, in corsa, e l'altra inizia una nuova sequenza.

Fonte: sessione di allenamento di Pep Guardiola al Manchester City - Yokohama International Stadium, Giappone - 26 Luglio 2019

Esercitazioni di Pep Guardiola: flussi di gioco posizionale offensivo

1. Il laterale basso si muove per ricevere lo scarico dal centrocampista offensivo e conduce palla in avanti, verso il terzo offensivo del campo

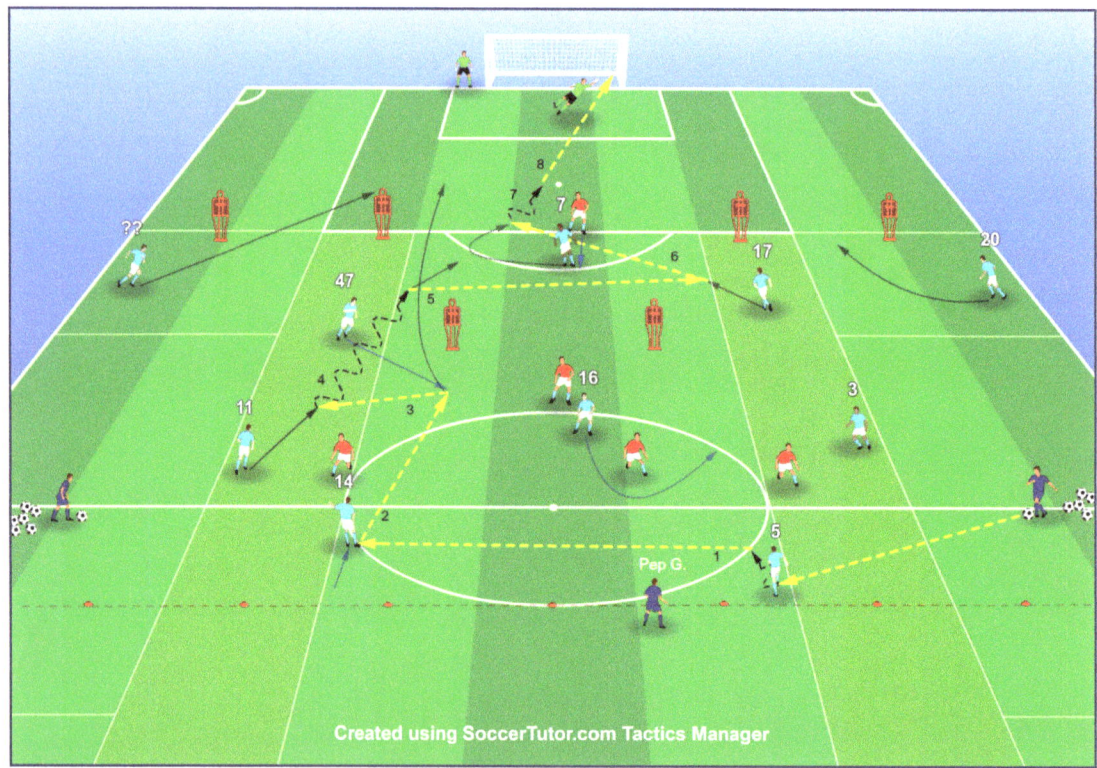

Descrizione

1. Il difensore centrale destro (5) trasmette palla verso il difensore centrale sinistro (14).

2. Il centrocampista offensivo (47) scivola verso l'interno per creare angoli di passaggio e ricevere palla dal Num.14.

3. Il Num.47 scarica verso il laterale basso sinistro (11), all'interno dell'"Half Space."

4. Il giocatore ora in possesso (11) conduce palla in avanti.

5. Il Num.11 trasmette verso il centrocampista offensivo destro (17).

6. Il Num.17 gioca in profondità, verso l'attaccante (7), che arcua la propria corsa, smarcandosi dal difensore rosso. L'esterno alto sinistro (??) e il centrocampista offensivo sinistro (47) si inseriscono per ricevere.

7. L'attaccante (7) riceve palla.

8. Il Num.7 conclude in porta.

Fonte : sessione di allenamento di Pep Guardiola al Manchester City - Yokohama International Stadium, Giappone - 26 Luglio 2019

Esercitazioni di Pep Guardiola: flussi di gioco posizionale offensivo

2. Il centrocampista offensivo scarica palla al centrocampista difensivo, che trasmette alle spalle dell'ultima linea avversaria, verso l'attaccante

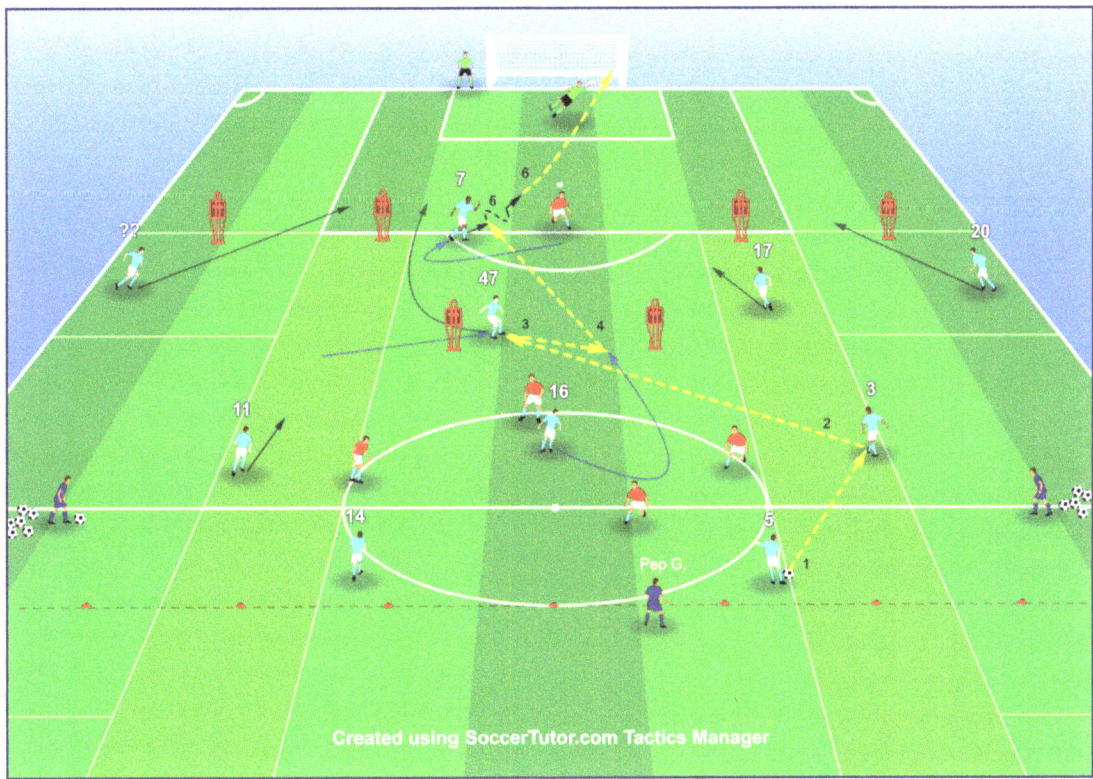

Descrizione

- Il difensore centrale destro (5) trasmette palla verso il laterale basso destro (3), all'interno dell'"Half Space."

- Il Num.3 gioca al centrocampista offensivo sinistro (47), che si è mosso verso il centro del campo.

- Il Num.47 scarica palla verso il centrocampista difensivo (16), che ha arcuato la propria corsa in avanti per ricevere.

- Il Num.16 trasmette in profondità, verso l'attaccante (7), che arcua la propria corsa, smarcandosi dal difensore rosso.

- L'esterno alto sinistro (??) e il centrocampista offensivo sinistro (47) si inseriscono per ricevere.

- L'attaccante (7) riceve palla

- Il Num.7 conclude in porta.

Fonte : sessione di allenamento di Pep Guardiola al Manchester City - Yokohama International Stadium, Giappone - 26 Luglio 2019

Esercitazioni di Pep Guardiola: flussi di gioco posizionale offensivo

3. Il difensore centrale trasmette palla lunga verso l'attaccante, che gioca alle spalle della linea difensiva avversaria, sul movimento, come 3° uomo, del centrocampista offensivo

Descrizione

1. Il difensore centrale destro (5) trasmette palla verso il laterale basso sinistro (14).
Il centrocampista offensivo (47) si muove indietro e verso il centro per fornire un'opzione di passaggio.

2. Il Num.14 gioca palla lunga, sui piedi, verso l'attaccante (7). Il centrocampista difensivo (16) si muove in avanti.

3. Il Num.7 trasmette, con i giusti tempi, verso il centrocampista offensivo (17), che ha arcuato la propria corsa, come terzo uomo, partendo da posizione arretrata.

4. Il centrocampista offensivo (17) riceve palla.

5. Il Num.17 conclude in porta.

Fonte : sessione di allenamento di Pep Guardiola al Manchester City - Yokohama International Stadium, Giappone - 26 Luglio 2019

Esercitazioni di Pep Guardiola: flussi di gioco posizionale offensivo

4. Cambiare lato offensivo e giocare alle spalle dell'ultima linea avversaria, sul movimento, in sovrapposizione, del laterale basso

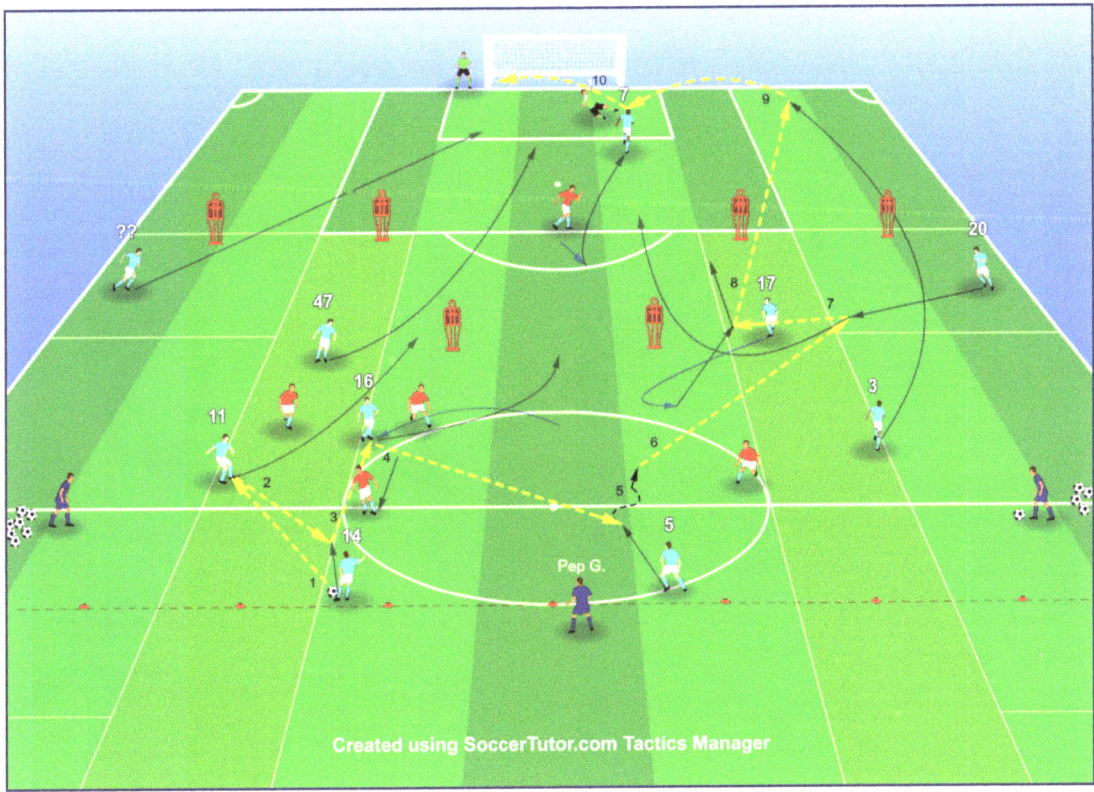

Descrizione

- Il difensore centrale sinistro (14) trasmette palla verso il laterale basso, all'interno dell'"Half Space."

- Il laterale basso sinistro (11) scarica al difensore centrale (14).

- Il Num.14 trasmette in avanti, verso il centrocampista difensivo (16), che si è mosso lateralmente per fornire un'opzione di passaggio.

- Il Num.16 gioca verso il secondo difensore centrale (5).

- Il Num.5 si porta in avanti.

- Il giocatore ora in possesso (5) trasmette verso l'esterno alto destro (20), che si accentra per ricevere.

- Il Num.20 scarica palla al centrocampista offensivo destro (17), che riceve sulla corsa.

- Il Num.17 trasmette in profondità, verso l'esterno basso destro (3), che si sovrappone per ricevere nei pressi della linea di fondo.

- Il Num.3 crossa in area di rigore mentre 4 giocatori si inseriscono.

- L'attaccante (7) conclude di testa.

Fonte: sessione di allenamento di Pep Guardiola al Manchester City - Yokohama International Stadium, Giappone - 26 Luglio 2019

Dai giochi in spazi ridotti a quelli in spazi ampi

Dalle sessioni di
allenamento di
Pep Guardiola

Esercitazioni di Pep Guardiola: dal gioco in spazi ridotti a quelli in spazi ampi

1. Small Sided Game 5 c 5, ad alta intensità, con porte regolari

Descrizione

- 2 squadre si sfidano in un classico small sided game 5 c 5, all'interno dell'area delimitata, come in figura.

- L'obiettivo della proposta è mantenere il ritmo alto, giocando con 3 tocchi palla massimo.

- L'esercitazione inizia dal portiere, che può trasmettere palla a proprio piacimento (a corta, media o lunga distanza).

- Quando la palla esce dal gioco, il portiere inizia sempre una nuova sequenza.

Fonte: sessione di allenamento di Pep Guardiola al Manchester City - Etihad Campus Training Ground, Manchester - 18 Agosto 2016

Esercitazioni di Pep Guardiola: dai giochi in spazi ridotti a quelli in spazi ampi

2. Small Sided Game 7 c 7 (+3) a 3 squadre

I giocatori della squadra in recupero (rossi) agiscono all'esterno

2 squadre svolgono partite da 8', mentre i giocatori della terza agiscono come sponde esterne, in fase di recupero.

Descrizione

- 2 squadre si sfidano in uno small sided game 7 c 7 (+6 giocatori rossi esterni, che supportano la squadra in possesso), all'interno dell'area delimitata, come in figura.
- L'esercitazione inizia sempre dal portiere.
- La squadra in possesso deve sfruttare la superiorità numerica per muovere palla velocemente, in avanti, grazie ai giocatori di supporto e creare occasioni da goal.
- Quando la palla esce dal gioco, il portiere inizia sempre una nuova sequenza.

Progressione

1. I giocatori esterni vengono cambiati ogni 45", aumentando l'intensità della proposta.
2. I giocatori esterni vengono cambiati ad ogni goal segnato (la squadra che ha concluso resta in gioco). La squadra che ha subito la rete, scambia ruolo con quella esterna.

Fonte: sessioni di allenamento di Pep Guardiola al Barcellona B (2007-08)

Esercitazioni di Pep Guardiola: dai giochi in spazi ridotti a quelli in spazi ampi

3. Small Sided Game 7 c 7 (+1), ad alta intensità, con porte regolari

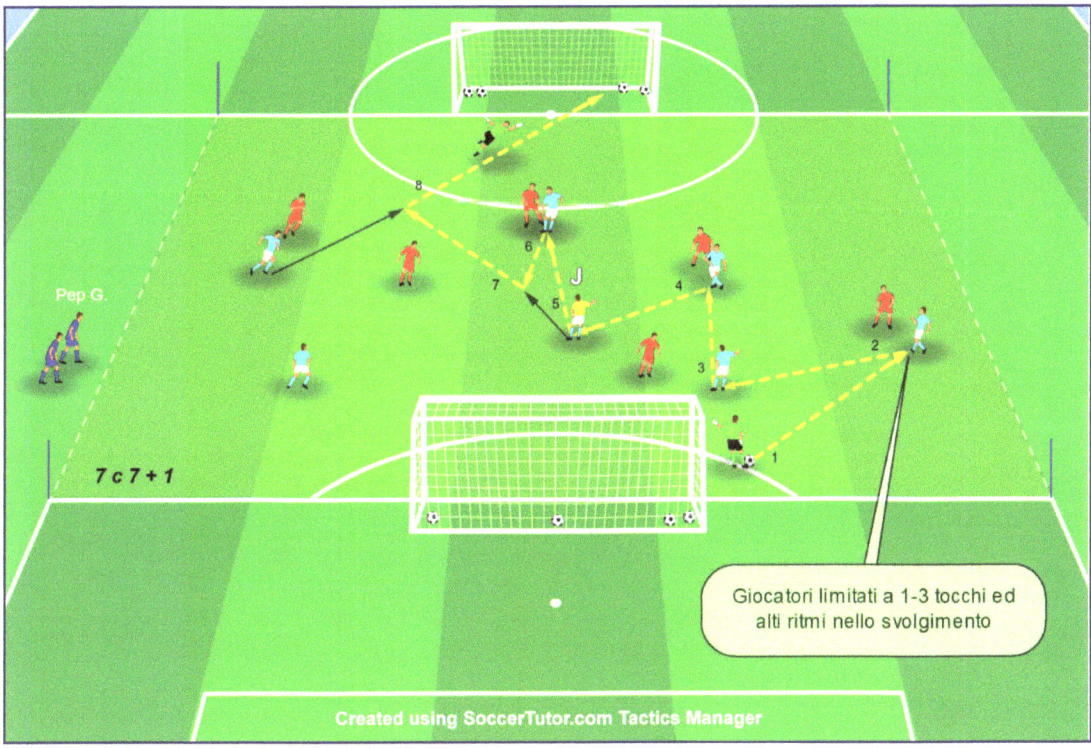

Descrizione

- 2 squadre si sfidano in uno small sided game 7 c 7 (+1 jolly, che supporta la squadra in possesso), all'interno dell'area delimitata, come in figura.

- L'obiettivo della proposta è mantenere il ritmo alto, giocando con 3 tocchi massimo.

- L'esercitazione inizia dal portiere, che può trasmettere palla a proprio piacimento (a corta, media o lunga distanza).

- L'obiettivo è creare occasioni per la conclusione, sfruttando il jolly e la superiorità numerica.

- Quando la palla esce dal gioco, il portiere inizia sempre una nuova sequenza.

Fonte : sessione di allenamento di Pep Guardiola al Manchester City - Etihad Campus Training Ground, Manchester

Esercitazioni di Pep Guardiola: dai giochi in spazi ridotti a quelli in spazi ampi

4. Gioco a 3 zone per creare superiorità numerica e avanzare in fase offensiva

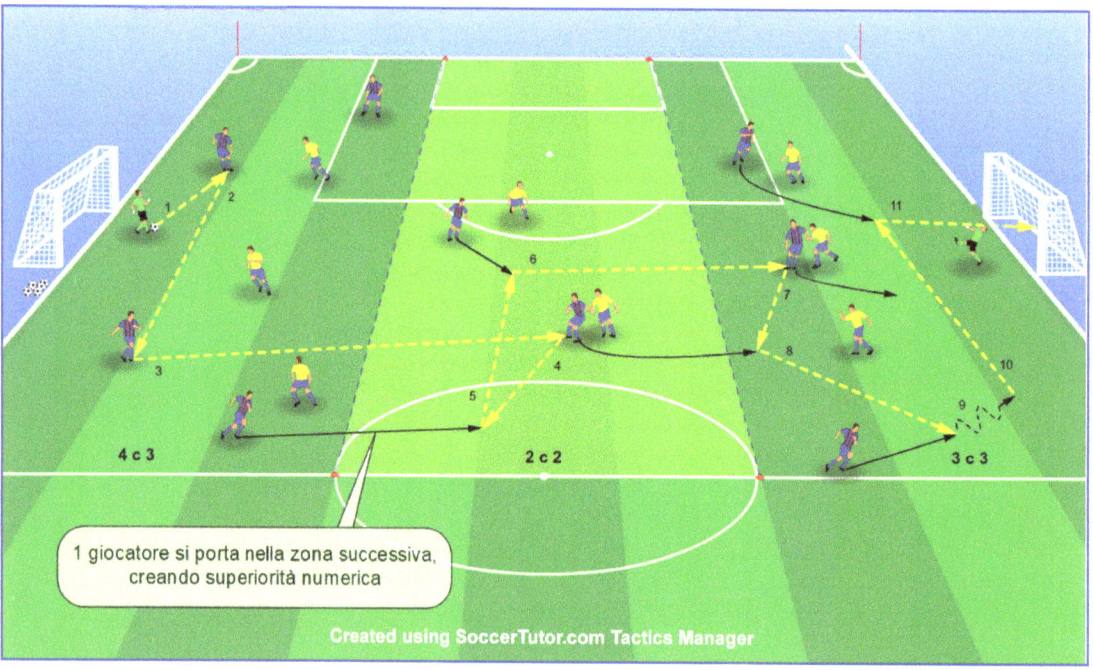

1 giocatore si porta nella zona successiva, creando superiorità numerica

Descrizione

- La metà di un campo regolare viene divisa in 3 zone di uguali dimensioni e si gioca una partita 10 c 9.

- Inizialmente, si creano situazioni 4 c 3 nel primo terzo, 2 c 2 nel mezzo e 3 c 3 nel terzo finale.

- L'esercitazione inizia dal portiere e la squadra blu costruisce in situazione di superiorità numerica 4 c 3. L'obiettivo è riuscire a trasmettere palla verso un compagno nella zona centrale.

- Quando un giocatore della squadra blu riesce a ricevere in zona centrale, 1 compagno si muove in avanti dal primo terzo di campo, per creare superiorità numerica (3 c 2).

- La squadra in possesso deve sfruttare la superiorità numerica nel mezzo (3 c 2), per giocare palla verso l'ultimo terzo di campo.

- Quando un giocatore della squadra blu riesce a ricevere nel terzo offensivo, 1 compagno si muove in avanti, per creare superiorità numerica (4 c 3).

- In questa situazione, la superiorità numerica (4 c 3) deve essere sfruttata per concludere, come mostrato in figura.

Fonte: sessioni di allenamento di Pep Guardiola al Barcellona B (2007-08)

Esercitazioni di Pep Guardiola: dai giochi in spazi ridotti a quelli in spazi ampi

5. Gioco di posizione 9 c 7 (+3 portieri) con 3 porte

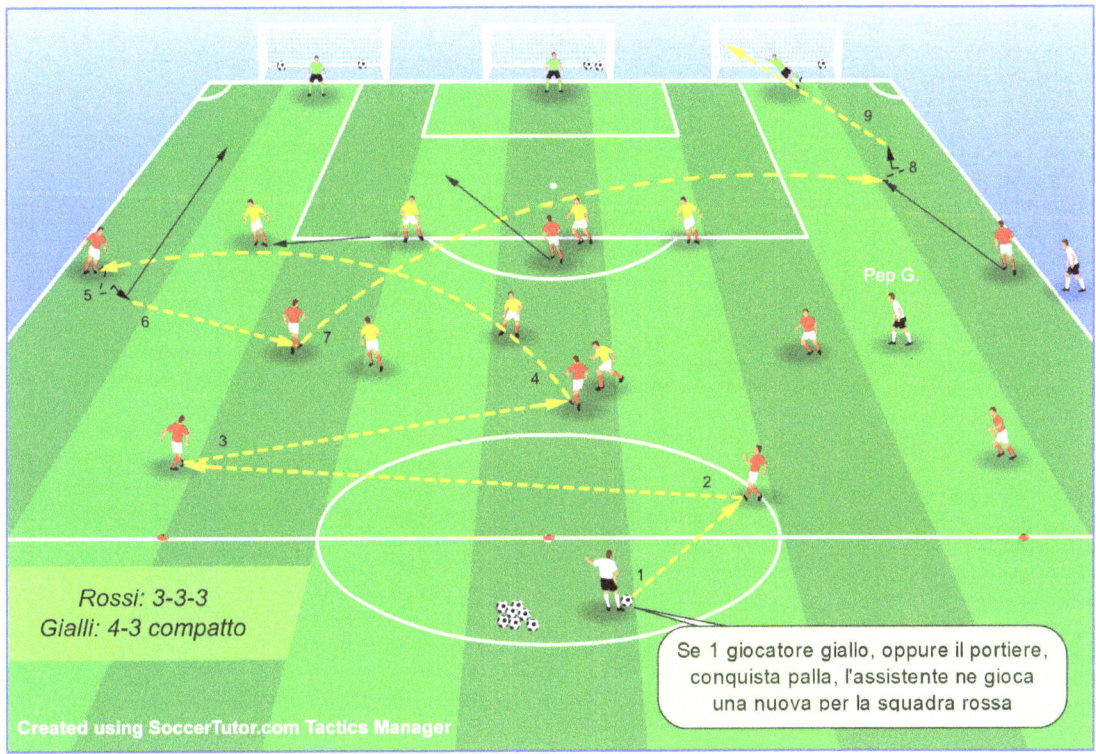

Rossi: 3-3-3
Gialli: 4-3 compatto

Se 1 giocatore giallo, oppure il portiere, conquista palla, l'assistente ne gioca una nuova per la squadra rossa

Descrizione

- 2 squadre giocano una partita 9 c 7 (+3 portieri).

- La squadra rossa si schiera con una formazione 3-3-3, mentre quella gialla con un 4-3 e linee vicine tra loro.

- 3 porte regolari e 3 portieri sono posizionati nello spazio.

- L'esercitazione inizia dall'allenatore; la squadra rossa deve costruire gioco, cercando di trasmettere alle spalle della linea difensiva, per concludere in una delle porte.

- La squadra gialla difende le 3 porte e cerca di conquistare il possesso.

- In fase difensiva, quindi, deve scivolare maggiormente, rispetto ad una partita classica, a causa delle 3 porte da difendere.

- La squadra in fase offensiva è facilitata nell'avanzamento dell'azione e nel trovare linee di passaggio verso gli attaccanti.

- Se un giocatore della squadra gialla, oppure un portiere, conquista il possesso, la palla esce dal gioco, o nel caso in cui la squadra in maglia rossa segna una rete, l'allenatore inizia una nuova sequenza.

Fonte: sessione di allenamento di Pep Guardiola al Bayern Monaco - Doha, Qatar - 7 Gennaio 2014

Altri libri grandi disponibili anche de **Allenatore.net**

Altri libri grandi disponibili anche de **Allenatore.net**

Altri libri grandi disponibili anche de **Allenatore.net**

PROVA GRATUITA

Specialisti di calcio dal 2001

TACTICS MANAGER
Disponibile in Italiano

www.SoccerTutor.com/TacticsManager
info@soccertutor.com

PC	Mac	soon!	soon!	soon!

www.ingramcontent.com/pod-product-compliance
Lightning Source LLC
Chambersburg PA
CBHW041246240426
43669CB00025B/2985